図解入門
ビジネス

Shuwasystem Business Guide Book

How-nual

最新 プライバシー情報マネジメント

ISO27701

認証のすべてがよ～くわかる本

GDPR対応などの個人情報保護に必携

打川 和男 著

秀和システム

はじめに

　GDPR（一般データ保護規則）をはじめとする、各国のプライバシー規制において、個人情報保護に関するグローバル対応が重視され、プライバシー情報に対するリスクマネジメントをはじめ、組織による個人情報保護の取り組みに焦点があたるようになってきました。そのような状況の中で、プライバシー情報マネジメントシステム（PIMS）に焦点を当てた、ISO/IEC 27000ファミリー規格として、ISO/IEC 27701が2019年8月に発行されました。

　本書では、ISO/IEC 27701の認証取得を目指す企業の方々のために、ISO/IEC 27701の概要、規格要求事項や管理策の解説、プライバシー情報マネジメントシステム（PIMS）の構築及び認証取得のステップに関する実践的なノウハウを解説しました。

第1章〜第4章：ISOやISO/IEC 27701の基礎的な内容です。ISO/IEC 27701の全体感を理解するための章です。
第5章〜第7章：ISO/IEC 27701の規格要求事項や管理策の解説です。構築する上での基本要件を理解するための章です。
第8章〜第9章：プライバシー情報マネジメントシステム（PIMS）の構築や、内部監査、マネジメントレビューのポイントについての内容です。
第 10章：ISO/IEC 27701の認証審査のポイントについての内容です。
第 11章：ISO/IEC 27701の附属書Aや附属書Bに対応した文例集が掲載されています。

　ぜひ、本書を活用いただき、プライバシー情報マネジメントシステム（PIMS）及とISO/IEC 27701の認証取得の準備にお役立ていただければ幸いに思います。

2021年8月吉日
著者　打川　和男

図解入門ビジネス
最新プライバシー情報マネジメント
ISO27701 認証のすべてが
よ〜くわかる本

CONTENTS

第4章 ISO/IEC 27701とは

第5章 ISO/IEC 27701の規格要求事項を理解する①
箇条5の要求事項

第6章 ISO/IEC 27701の規格要求事項を理解する②
附属書Aの管理策

第7章 ISO/IEC 27701の規格要求事項を理解する② 附属書Bの管理策

第8章 プライバシー情報マネジメントシステム（PIMS）を構築する

第9章 プライバシー情報マネジメントシステム（PIMS）をレビューする

第10章 ISO/IEC 27701（PIMS）の認証審査を受ける

第11章 プライバシー情報マネジメント文例集

第 1 章

ISO及びISOマネジメントシステム規格とは

ISO/IEC 27701 は、プライバシー情報マネジメントシステムに関する国際規格です。

この章では、ISO（国際）規格の概要、この規格を発行した、ISO（国際標準化機構）の活動、及び ISO マネジメントシステム規格について解説します。

1-1

ISO（国際）規格とは？

国際規格を発行する代表的な組織の1つが、国際標準化機構（ISO）です。プライバシー情報マネジメントの国際規格であるISO/IEC 27701は、このISOから発行されています。

▶▶ 国際規格とは

国際規格とは、国際的な利用を期待されて発行される規格のことです。国際規格を発行する代表的な組織の1つが、**国際標準化機構（ISO）**です。

標準化に関する規格には、特定の国家内での使用を目的に発行される国家規格や、ヨーロッパなど地域レベルで制定される地域規格などがあります。国際規格はそれらの最上位に位置付けられます。このような規格は、次ページの図のとおり、上位の位置になればなるほど、**合意のレベル**が上がります（より多くの人に使用されることを意図している）。下位の位置になればなるほど、**管理のレベル**は上がります（限定された対象が具体的に活用できることを意図している）。

なお、国が国家規格（JISなど）を制定する場合、ISO規格などの国際規格が既に存在している場合には、これに整合させることが WTO/TBT（貿易の技術的障害に関する協定）によって義務付けられており、日本もこれを批准しています。

▶▶ ISOの規格

すでに発行されているISO規格は、2018年末の時点で22,467規格であり、さまざまな規格が開発され、発行されています。

例えば、国名コードの標準化もISOが行っており、ISO 3166-1（JIS規格では、JIS X 0304）として発行されています。なお、ISO 3166-1では、ラテン文字2文字、ラテン文字3文字、数字3桁の3種類のコードを規定しており、日本国は、この規格に従うと、JP、JPN、392となります。

また身近なところでは、クレジットカードの寸法もISOで標準化されており、

ISO/IEC 7810 (Identification cards - Physical characteristics)、ISO/IEC 7811 (Identification cards - Recording technique)、ISO/IEC7812 (Identification cards - Identification of issuers) として発行されています。

あわせて、非常口のマークもISOで標準化されておりISO 7010（グラフィックシンボル - 安全色と安全サイン - 作業場や公共スペースで使われる安全サイン）として発行されています。

そのISO規格の中で、製品や物の規格ではない**組織のマネジメントに関する規格**が、**ISO 9001**（品質マネジメント）や、**ISO 14001**（環境マネジメント）、**ISO 45001**（労働安全衛生マネジメント）、**ISO/IEC 27001**（情報セキュリティマネジメント）などのISOマネジメントシステム規格です。

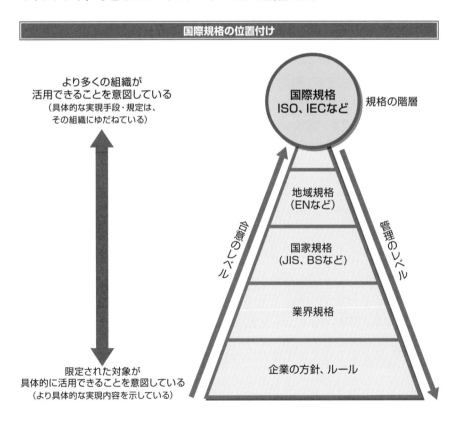

国際規格の位置付け

より多くの組織が
活用できることを意図している
（具体的な実現手段・規定は、
その組織にゆだねている）

国際規格
ISO、IECなど

規格の階層

地域規格
（ENなど）

国家規格
（JIS、BSなど）

業界規格

企業の方針、ルール

合意のレベル

管理のレベル

限定された対象が
具体的に活用できることを意図している
（より具体的な実現内容を示している）

1-2

ISO（国際標準化機構）とは？

ISO（国際標準化機構）は、国際規格を発行するための団体です。1947年2月23日に発足した非政府組織（NGO）で、本部はスイスのジュネーブに置かれています。

▶▶ ISO（国際標準化機構）とは？

ISOは、**物質及びサービスの国際交換を容易にし、知的、科学的、技術的及び経済的活動分野の協力を助長させるために世界的な標準化、その関連活動の発展開発を図ること**を目的に、1947年2月23日に発足しました。なお、ISOは非政府組織（NGO）で、本部はスイスのジュネーブに置かれています。

ISOには各国から標準化機関が参加することになっていますが、日本からは日本産業規格（JIS）の調査、審議を行っている**JISC**（日本産業標準調査会）が加入しています。**JISC**は、**DIN**（ドイツ）、**ANSI**（米国）、**BSI**（英国）、**AFNOR**（フランス）と並んで理事会の常任メンバーとなっています。

▶▶ ISOの組織

ISOでは、総会が年1回開催され、理事会は20カ国が参加し、年2回開催されています。

ISOは、ISO中央事務局、政策開発委員会（適合性評価委員会 CASCO、消費者政策委員会 COPOLCO、発展途上国対策委員会 DEVCO）、理事会常設委員会（理事会財政常設委員会 CSC/FIN、理事会戦略常設委員会 CSC/STRAT）、アドホックアドバイザリーグループ、技術管理評議会（TMB）で構成されています。

なお、ISOの組織の中で、実際の規格を議論し策定するのは、その中枢組織である技術管理評議会（TMB）の下にある**各専門委員会**（TC）です。

各TCは、その業務の種々を扱う**分科委員会**（SC）、**作業グループ部会**（WG）を設置します。2018年12月末では、**249の専門委員会、504の分科委員会、2,714の作業グループ**が設置され、規格の開発活動を行っています。

▶▶ ISO規格発行までのプロセス

　国際規格の作成及び改定作業は、専門委員会（TC）、分科委員会（SC）、作業グループ部会（WG）で検討されます。まずは国や関連団体からの提案であるNWIP（新規作業項目提案）が出されます。

　規格化が決定すると**WD**（作業原案）が提案されます。その後に議論、検討を重ね、**CD**（委員会原案）、**DIS**（国際規格案）、**FDIS**（最終国際規格案）と修正、追加、削除が繰り返され、広くパブリックコメントを求めて、その内容を反映し、最終的には投票によって（75%以上の賛成）、**IS**（国際規格）となります。

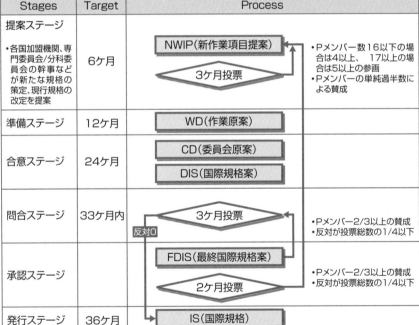

ISO規格発行までのプロセス

Stages	Target	Process	
提案ステージ ・各国加盟機関、専門委員会/分科委員会の幹事などが新たな規格の策定、現行規格の改定を提案	6ケ月	NWIP（新作業項目提案） 3ケ月投票	・Pメンバー数16以下の場合は4以上、17以上の場合は5以上の参画 ・Pメンバーの単純過半数による賛成
準備ステージ	12ケ月	WD（作業原案）	
合意ステージ	24ケ月	CD（委員会原案） DIS（国際規格案）	
問合ステージ	33ケ月内	3ケ月投票　反対0	・Pメンバー2/3以上の賛成 ・反対が投票総数の1/4以下
承認ステージ		FDIS（最終国際規格案） 2ケ月投票	・Pメンバー2/3以上の賛成 ・反対が投票総数の1/4以下
発行ステージ	36ケ月	IS（国際規格）	

1-3
ISOマネジメントシステム規格とは

1987年に発行されたISO 9001がマネジメントシステムに関する最初の規格です。このISO 9001の発行を皮切りに、現在では数多くのマネジメントシステムに関する規格が発行されています。

▶▶ ISOマネジメントシステム規格の歴史

マネジメントシステム規格の始まりが1987年に発行されたISO 9000シリーズでした。1980年代、国際貿易の発展にともなって製品の品質に関する基準が策定されてきましたが、製品の品質だけでなく、その製品をつくる**組織自体の体制やものづくりのプロセス**に注目が集まるようになりました。そこで一定の品質を保証するための仕組みを持っていることや、その仕組みを運用していることの証明として品質システム規格であるISO 9000シリーズが発行され、**認証制度がスタート**しました。しかしながら、この時点では品質に関しては世界でも高いレベルにあると自認する日本の多くの組織は自社の仕組みや業界標準を中心としたシステムの優位性から、ISO 9000シリーズの採用に関しては消極的でした。ところが、90年代に入り、さらに国際間の取引が一般化し、国の概念が薄れてくるにつれ、ISOの認証が半ば国際間の取引の条件とされるようになり、日本の企業もこの潮流を無視することができなくなりました。

ISO 9000シリーズが94年版となり、わかりやすく、より身近になったこともあり、90年代後半には日本国内で認証取得ブームとなりました。

▶▶ さまざまなマネジメントシステム規格の発行

これに加え、地球環境問題が深刻化する中、企業の自主的な環境保全への取組みを促進する目的でISO 14001が1996年に発行され、電機、電子、自動車製造業を中心とした大企業で環境マネジメントシステムの認証が広がっていきました。

その後、ISO 9001は顧客満足を究極のテーマとして2000年版、2008年

版に改訂され、ISO 14001はISO 9001との整合を目指して2004年版へと進化し、また2015年には、ISO 9001及びISO 14001ともに改訂され、2018年末の時点での全世界の認証件数は、ISO 9001で百十八万件、ISO 14001で四十四万七千件を超えています。

▶▶ 2005年以降に発行されたマネジメントシステム規格

　IT化が進む中、21世紀に入って企業内部の機密情報の漏えいに関する懸念から、情報セキュリティへの関心が高まりました。

　そのような中、英国の国家規格であったBS 7799-2をベースにし、情報セキュリティマネジメントシステムの国際規格として、ISO/IEC 27001が2005年に誕生しました。

　なお、ISO/IEC 27001は2013年に改訂され、2018年末の時点での世界の認証件数は、五万九千件を超えています。

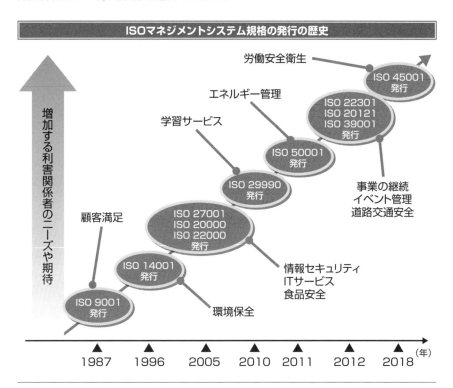

ISOマネジメントシステム規格の発行の歴史

あわせて、経営ツールとして欠かせないものになっていたITサービスを管理するため、ITサービスマネジメントのITILをベースとした英国の国家規格であったBS 15000-1をベースとして、ITサービスマネジメントシステムの国際規格がISO/IEC 20000-1として誕生しています。

なお、ISO/IEC 20000-1は、2011年と2018年に改訂され、2018年末の時点での世界の認証件数は、七千二百件を超えています。

▶▶ 2010年以降に発行されたマネジメントシステム規格

2011年9月には、公的な学校公教育以外の塾やカルチャースクール、英会話教室などの教育サービスを提供している、学習サービス事業者を対象とした、学習サービスマネジメントシステムのISO 29990が発行されました。なお、ISO 29990は、人材育成と非公式教育・訓練サービス分野の国際標準化を目的として設置されたISOの専門委員会であるTC232によって開発されました。この専門委員会の発足の背景には、2000年代に入り多くの国で、学習サービスの品質及び品質保証に関する関心が高まったことがあります。これは、世界中で「知識」が企業経営の成功にとって重要な要素となり、「学習サービス」が国際市場で営利サービスの1つとして台頭してきたことに起因しています。これを受け、UNESCO（国連教育科学文化機関）、OECD（経済協力開発機構）などの国際機関も、教育の分野の標準化に関心を向けるようになりました。

なお、2018年にISO 29990は、教育を提供する組織全般を対象にした、教育機関と学習者やその他の顧客との相互関係に焦点を当てて開発されたマネジメントシステム規格である、ISO 21001にリニューアルされました。

また、2011年には、国際的テーマになっている地球温暖化防止を目的とした、エネルギーマネジメントシステムに関する国際規格である、ISO 50001が発行されました。エネルギーマネジメントシステムの国際規格化は、2007年6月に米国より国際標準化に関する提案が行われたことにより始まりました。この提案は、ISO/TMB（技術管理評議会）の第40回会合（2007年9月に開催）において正式に受諾され、2007年11月に開催されたISO/TC/PC204の会合の中で、米国とブラジルから規格原案が共同で提案されました。

なお、ISO 50001は、2018年に改訂され、2018年末の時点での世界の認証

件数は、四万六千件を超えています。

　そして、2012年には3つのマネジメントシステム規格が発行されました。1つ目のマネジメントシステム規格は、事業継続マネジメントシステムの国際規格である、ISO 22301です。

　2つ目のマネジメントシステム規格は、サスティナブル（持続可能な）なイベントをマネジメントするための国際規格として、ISO 20121が発行されました。なお、この規格は、2012年に開催された、ロンドンオリンピック・パラリンピックでも採用され、2021年に開催予定の東京オリンピック・パラリンピックでも採用予定となっています。

　3つ目のマネジメントシステム規格は、全世界的に問題となっていた交通事故の増加を軽減するために、道路交通安全マネジメントシステムに関する国際規格として、ISO 39001が発行されました。

マネジメントシステム規格			
	Business performance	Business Risk	Business Sustainability
汎用（業界問わず）	ISO 9001 品質マネジメントシステム	ISO/IEC 27001 情報セキュリティマネジメントシステム ISO 22301 事業継続マネジメントシステム ISO 45001 労働安全衛生マネジメントシステム	ISO 14001 環境マネジメントシステム ISO 50001 エネルギーマネジメントシステム
セクター	ISO 13485 医療機器に対する品質マネジメントシステム ISO 21001 教育機関のためのマネジメントシステム AS 9100(JIS Q 9100、prEN9100) 航空宇宙産業に携わる組織のための品質マネジメントシステム	ISO/IEC20000-1 ITサービスマネジメントシステム ISO 22000 食品安全マネジメントシステム ISO 39001 道路交通安全マネジメントシステム	ISO 20121 サスティナブルイベントマネジメントシステム

　道路交通安全マネジメントシステムに関するISO化は、2007年8月にスウェーデンより、道路交通事故による死亡者と重大な負傷者の削減をねらいとした道

路交通安全マネジメントシステムのISO化が提案されたことによりスタートし、2012年10月1日に正式に発行されました。

　なお、2018年末の時点で、ISO 39001の世界の認証件数は、千四百件を超えています。

　最後に、2018年には、労働安全衛生マネジメントシステムに関する国際規格として、ISO45001が発行されました。労働安全衛生マネジメントシステムの国際規格化の検討は、1995年6月に開始されましたが、「労働安全衛生マネジメントシステムの標準化は、時期的なものも含め、国際規格としては適切ではないのでは」というような意見が大半を占め、安全衛生マネジメントシステムの国際規格化を当面見送る」という決定がなされました。

　ただし、ISOによる労働安全衛生マネジメントシステムの国際規格化は見送られましたが、各国での労働安全衛生マネジメントシステムの標準規格を求める声が高まり、英国規格協会（BSI）が中心となって国際コンソーシアム（数カ国の規格協会や認証機関等が参加）が発足し、BS 8800:1996をベースに、**OHSAS 18001:1999**が発行され、各国で、この**OHSAS 18001**を認証基準とした、労働安全衛生マネジメントシステムの認証制度が開始されました。

　この**OHSAS 18001**の認証取得件数の増加や、ISOによる労働安全衛生マネジメントシステムの国際規格化の声が高まり、2013年6月に、ISOに労働安全衛生マネジメントシステム規格を開発するPC283の設置が正式に決定され、2013年～2018年にかけて規格の開発が行われ、**ISO 45001:2018**として正式に発行されました。

　なお、2018年末の時点で、ISO 45001（OHSAS 18001を含む）の世界の認証件数は、一万四千件を超えています。

第 2 章

ISO/IEC 27001 とは

本章では、ISO/IEC 27701 を理解するために、情報セキュリティマネジメントに関するメイン規格である、ISO/IEC 27001 の規格の概要や認証制度について解説します。
　ISO/IEC 27701 は、この ISO/IEC 27001 をベースとして、プライバシー情報マネジメントシステムを確立します。

2-1
ISO/IEC 27001とは

ISO/IEC 27001は、**情報セキュリティマネジメントシステムに関する要求事項**を規定した、ISO規格（国際規格）です。

▶▶ ISO/IEC 27001とは

情報セキュリティマネジメントシステムの要求事項である、ISO/IEC 27001は、初版が2005年に発行され、2013年にISO（国際標準化機構）のルールに基づき、見直しされ、改訂されてきました。現行版は、**ISO/IEC 27001:2013**となります。また、この規格は、JIS化され、**JIS Q 27001:2014**として発行されています。

なお、**ISO/IEC 27001:2013**が規定する情報セキュリティマネジメントシステムとは、情報セキュリティに関する体制を整備（方針の策定、責任権限の明確化、資源配分・手順の文書化など）し、定められたとおり実行（情報セキュリティ対策の実施）し、定期的に確認（点検や内部監査）を行い、継続的に改善を行うための体系的な管理の仕組みを指します。

この管理の原則は、品質マネジメントシステムのISO 9001や環境マネジメントシステムのISO 14001と同様の考え方を取り入れており、Plan（計画）・Do（実行）・Check（確認）・Act（見直し）の活動を通じて、管理の仕組みをスパイラルアップさせることを基本としています。

▶▶ ISO/IEC 27001の規格要求事項

規格要求事項とは、組織が適切な情報セキュリティを実現するために必要な、管理の仕組み（情報セキュリティマネジメントシステム）を構築するために実現しなくてはならない基本事項を指します。規格の構成は、箇条0 序文、箇条1 適用範囲、箇条2 引用規格、箇条3 用語及び定義と章立てされており、規格の要求事項は、箇条4から箇条10までとなっています。

なお、**箇条4　組織の状況、箇条5　リーダーシップ、箇条6　計画、箇条7**

支援が、PDCAのPlanに関する規格要求事項であり、**箇条8 運用**が、PDCAの
Doに関する規格要求事項にあたります。

また、**箇条9 パフォーマンス評価**が、PDCAのCheckの規格要求事項であり、
箇条10 改善が、PDCAのActの規格要求事項にあたります。

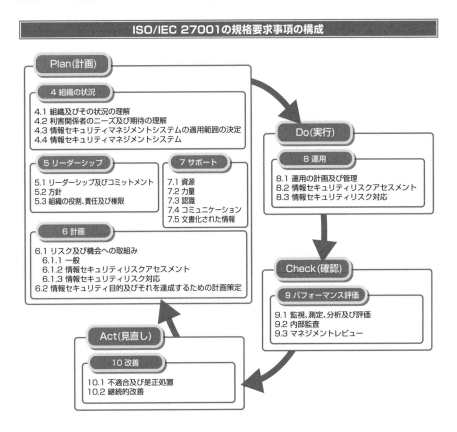

ISO/IEC 27001の規格要求事項の構成

Plan(計画)

4 組織の状況
4.1 組織及びその状況の理解
4.2 利害関係者のニーズ及び期待の理解
4.3 情報セキュリティマネジメントシステムの適用範囲の決定
4.4 情報セキュリティマネジメントシステム

5 リーダーシップ
5.1 リーダーシップ及びコミットメント
5.2 方針
5.3 組織の役割、責任及び権限

7 サポート
7.1 資源
7.2 力量
7.3 認識
7.4 コミュニケーション
7.5 文書化された情報

6 計画
6.1 リスク及び機会への取組み
　6.1.1 一般
　6.1.2 情報セキュリティリスクアセスメント
　6.1.3 情報セキュリティリスク対応
6.2 情報セキュリティ目的及びそれを達成するための計画策定

Do(実行)

8 運用
8.1 運用の計画及び管理
8.2 情報セキュリティリスクアセスメント
8.3 情報セキュリティリスク対応

Check(確認)

9 パフォーマンス評価
9.1 監視、測定、分析及び評価
9.2 内部監査
9.3 マネジメントレビュー

Act(見直し)

10 改善
10.1 不適合及び是正処置
10.2 継続的改善

2-2
ISO/IEC 27001の附属書A とは

ISO/IEC 27001の附属書Aは、リスクアセスメントの結果、必要な管理策が見落とされていないことを検証するための**情報セキュリティ管理策のリスト**を指します。

▶▶ ISO/IEC 27001の附属書Aとは

ISO/IEC 27001の**附属書A（規定）管理目的及び管理策**は、情報セキュリティリスクアセスメントの結果で特定されたリスクを低減するための、**達成すべきことを記述した管理目的、及び管理目的を達成するために適用できる1つ以上の管理策**が記載されています。なお、管理目的及び管理策は、14項目、35の管理目的、114の管理策が規定されています。

- A.5 　情報セキュリティのための方針群
- A.6 　情報セキュリティのための組織
- A.7 　人的資源のセキュリティ
- A.8 　資産の管理
- A.9 　アクセス制御
- A.10 　暗号
- A.11 　物理的及び環境的セキュリティ
- A.12 　運用のセキュリティ
- A.13 　通信のセキュリティ
- A.14 　システムの取得、開発及び保守
- A.15 　供給者関係
- A.16 　情報セキュリティインシデント管理
- A.17 　事業継続マネジメントにおける情報セキュリティの側面
- A.18 　順守

▶▶ リスク対応と附属書Aの用途

　ISO/IEC 27001:2013では、リスクアセスメントの結果を考慮し、リスク対応の選択肢を決定することを求めています。なお、リスク対応の選択肢は、以下の4つとなります。

- ■ リスクの受容
- ■ リスクの低減
- ■ リスクの除去
- ■ リスクの移転

　リスクアセスメントの結果、リスク低減が必要と判断されたリスクに対する具体的なリスク管理策を決定します。その後、決定したリスク管理策を、**附属書Aに規定された管理策**と比較し、必要な管理策が見落とされていないことを検証することが求められています。

　したがって、附属書Aは、管理目的と管理策の包括的なリストであり、あくまでも、必要な管理策の見落としがないことを確実にするために、この附属書Aを参照することが意図されています。

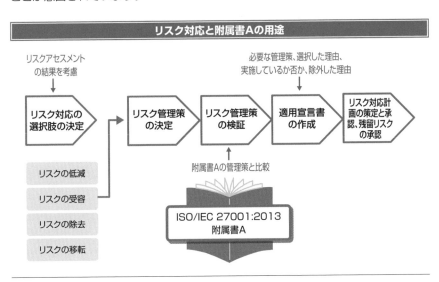

リスク対応と附属書Aの用途

2-3

ISO/IEC 27001の認証制度

組織の情報セキュリティの管理体制を評価し、認証する制度が、ISO/IEC 27001認証制度となります。

▶▶ 制度の概要

ISO/IEC 27001を認証基準として用い、**ISO（国際標準化機構）** の認定及び認証に関するルールに基づき運営されている認証制度が、**情報セキュリティマネジメントシステム（ISMS）認証制度**になります。国内では、**ISMS適合性評価制度**と呼ばれます。

なお、認定・認証制度を担う機関には、**認定機関、審査登録機関（認証機関）、審査員登録機関、審査員研修機関**があります。

ISOマネジメントシステムの認定機関は、基本的に1カ国に1つあります。英国であれば**UKAS（英国認証機関認定審議会）**、米国であれば**ANAB（米国適合性認定機関）** が認定機関にあたります。国内のISO/IEC 27001の認定機関は、**JAB（公益財団法人　日本適合性認定協会）** と**ISMS-AC（情報マネジメントシステム認定センター）** になります。

これらの**認定機関が審査登録機関（認証機関）** に対して認定審査を行い、審査を行うに足るだけの能力（適切に審査を行う仕組みがあるか？　必要な力量を満たした審査員が確保され管理されているか？　など）があるかどうかを認定審査によって確認し認定を行います。この認定審査を行うための審査の基準は、**ISO（国際標準化機構）** と**IEC（国際電機標準会議）** で決められた基準（**ISO/IEC17021　適合性評価－マネジメントシステムの審査及び認証を提供する機関に対する要求事項**）と関連の規格やガイダンスに基づきます。

▶▶ 審査登録機関（認証機関）

　ISMS-ACから認定を受けたISO/IEC27001の審査登録機関（認証機関）は、2020年12月現在で27機関です。JABから認定を受けたISO/IEC27001の審査登録機関（認証機関）は1機関です。

　審査登録機関（認証機関）の役割は、認証取得を希望する組織に審査を行い、認証登録することです。

▶▶ 審査員登録機関（要員認証機関）

　審査員登録機関（要員認証機関）の役割は、審査員研修機関を認定することと、認定された審査員研修機関の審査員研修コースを卒業し、必要な力量を満たした要員を審査員として登録することです。

▶▶ 審査員研修機関

　審査員研修機関は、審査員登録機関から研修機関としての認定を受け、開発した審査員研修コースの承認を受けた機関です。その役割は、承認された審査員研修コースを提供することです。

ISMSの認定・認証制度の概要

ISO/IEC 17021（JIS Q 17021）適合性評価－マネジメントシステムの審査及び認証を提供する機関に対する要求事項

認定機関（ISMS-AC、UKAS、ANABなど）

ISO/IEC 17024（JIS Q 17024）適合性評価－要員の認証を実施する機関に対する一般要求事項

審査登録機関（認証機関）

審査員登録機関（要員認証機関）

ISO/IEC 27001（JIS Q 27001）　認証

ISMS認証希望組織

審査登録機関が定める認定基準

審査員研修機関

応募・採用

修了説明書　コースに参加・修了

審査員希望者

2-4
ISO/IEC 27001の認証を取得するには

ISO/IEC 27001の認証を取得するには、情報セキュリティマネジメントシステム（ISMS）の構築及び運用後に、ISMS認証機関からの審査を受けることが必要となります。

▶▶ 認証取得に必要なこと

ISO/IEC27001の認証取得を実現するために必要なことは、ISO/IEC27001の規格要求事項の理解、ISMS推進体制の確立、ISMSの構築、運用、ISMS内部監査の実施とマネジメントレビューの実施、ISMS認証機関からの認証審査の受審となります。

▶▶ 構築及び運用

一般的に、ISMSを構築する際には、ISMSの管理責任者とISMS推進チームを中心とした推進プロジェクトを立ち上げて実施するケースが多いようです。メンバーは、各部門から選出された代表者によって構成され、構築、導入を進めていきます。なお、最初のステップは、ISO/IEC27001の規格要求事項や附属書Aの管理目的及び管理策を推進メンバーが正しく理解することです。手段としては、メンバーによる勉強会や、外部の専門研修への参加、コンサルタントの利用などが考えられます。

ISO/IEC27001の規格要求事項を正しく理解した後は、構築作業を実施します。

▶▶ 審査の受審

構築作業にめどがたった段階で、ISO/IEC27001の審査が可能な認証機関との契約と審査の計画に関する打ち合わせを行います。ISO/IEC27001の初回認証に必要な審査は、ISMSの枠組みとシステム文書の構築状態を確認する審査である**第1段階審査**とISMSの実施状況を確認する審査の**第2段階審査**になります。

▶▶ 第1段階審査

第1段階審査は、正式な認証審査の最初のステップであり、その審査結果が記載される報告書は認証の可否の判断に使用されます。なお、第1段階審査は、適切にリスクアセスメントが実施され、ISMSの枠組みが確立されているか、また必要な文書が作成されており、ISO/IEC27001の規格要求事項に適合しているかを確認することが審査の主となる目的です。

審査の終了後に報告書によって結果が報告されます。なお、第1段階の審査報告書は、不適合や改善の機会の他に、第2段階審査の実施可否について記述されます。

▶▶ 第2段階審査

第2段階審査の目的は、構築したISMSが実際に運用され、ISO/IEC27001の規格要求事項への適合と組織の情報セキュリティ方針、目的にかなった仕組みであることを確認することです。第2段階審査は、第1段階で得られた情報をもとに、ISMSの各プロセスのそれぞれに関係が深い部門を特定し、効果的なサンプリングによる審査が計画され実施されます。審査チームは、第2段階審査の終了後に報告書によって結果の報告を行います。なお、第2段階の審査報告書は、不適合や改善の機会の他に、認証の推薦の可否について記述されます。

ISMSの認証審査の概要		
	第1段階審査	第2段階審査
審査のねらい	・情報セキュリティマネジメントシステムの構築状態を確認する審査	・情報セキュリティマネジメントシステムの実施状況を確認する審査
審査の対象	・ISMS の適用範囲 ・情報セキュリティ方針 ・ISMS 文書 ・重要なマネジメントシステムのフレームワークに関する記録（リスクアセスメントの結果、内部監査やマネジメントレビューの結果など）	・ISMS の運用状況（インタビューや観察、手順書・記録によって確認）
受審対象者	・主として、ISMS 管理責任者、ISMS の推進事務局のメンバー、ISMS 内部監査チーム及びトップマネジメント	・左記に加え各部門の責任者だけでなく、手順や管理策を実行している各スタッフ
審査報告書の内容	・発見された不適合や改善の機会、及び第二段階審査の実施可否	・発見された不適合や改善の機会、及び認証の推薦の可否

　審査で不適合がなく、又は不適合の是正処置が適切に実施された場合は、審査チームは、認証推薦を行い、その結果に基づき認証取得ができます。

▶▶ ISO/IEC 27001の認証の維持

　ISO/IEC 27001の認証を維持するためには、1年ごとに実施される**維持審査**の受審、及び3年に1回の**更新審査**を受ける必要があります。

　維持審査とは、認証取得後に定期的に実施される審査を指します。審査の頻度は、1年ごとに実施されます。なお、維持審査は、初回認証審査のようにすべてを確認するのでなく、情報セキュリティマネジメントシステム（ISMS）の鍵となる活動をサンプリングで確認することになります。

　維持審査において指摘事項があった場合、是正処置を実施する必要があります。維持審査で検出された指摘事項に対する是正処置の完了が確認できるまで、認証機関からの登録維持は得られません（重大な不適合が発見された場合は、是正処置の確認は現地で実施されます）。

　また、ISO/IEC 27001の認証登録の有効期限は3年となります。したがって、認証登録を更新する場合は、3年に一度の**更新審査**を受審する必要があります。

　なお、認定基準では、更新審査の内容に以下を含むとしています。

- 内部及び外部の変更に対するマネジメントシステム全体としての有効性、ならびに認証範囲に対するマネジメントシステムの継続的な関連性及び適用可能性
- 全体のパフォーマンスを高めるために、マネジメントシステムの有効性を維持し、改善し続けることに対する実証されたコミットメント
- 被認証組織の目的の達成及び各マネジメントシステムの意図した結果の達成に関するマネジメントシステムの有効性

　維持審査と同様に指摘事項があった場合、受審組織は是正処置を実施する必要があります。更新審査で検出された指摘事項に対する是正処置の完了が確認できるまで、認証機関からの登録更新は得られません。

第 3 章

ISO/IEC 27000 ファミリー規格とは

ISO/IEC 27701 は、ISO/IEC 27000 ファミリー規格の一つです。

この章では、ISO/IEC 27701 を理解するために、ISO/IEC 27000 ファミリー規格の概要をはじめ、各ファミリー規格の目的や役割を解説します。

図解入門
How-nual

3-1
ISO/IEC27000ファミリー規格とは

ISOとIECでは、ISMSに関するさまざまな規格を発行しています。それらを総称して、ISO/IEC27000ファミリー規格と呼びます。

▶▶ ISO/IEC27000ファミリー規格

ISO/IEC 27000ファミリー規格は、ISOとIECの合同専門委員会であるISO/IEC JTC1（情報技術）のセキュリティ技術に関する分科委員会（SC27）の**SC27/WG1（情報セキュリティマネジメントシステム）、SC27/WG4（セキュリティコントロールとサービス）、SC27/WG5（アイデンティティ管理とプライバシー技術）**の各WG（ワーキンググループ）で作成されています。

なお、ISO/IEC 27000ファミリー規格の作成の主となるWGは、SC27/WG1であり、すでに発行済みの規格も含め、**数多くのファミリー規格**があります。

また、ファミリー規格は、ISMSの主要規格、ISMSの認証審査や監査のための規格、ISMSやISO/IEC 27001のガイダンス規格、ISMSのアドオン認証にも利用可能な規格のように分類することができます。

▶▶ ISMSの主要規格

ISMSの主要規格には、前章で紹介した認証用規格である、ISO/IEC 27001やISO/IEC 27000、ISO/IEC 27002があります。

ISO/IEC 27000は、ISO/IEC 27000ファミリー規格の概要や、ファミリー規格で用いられる用語の定義を規定した規格で、2009年の5月に発行されました。その後、ISO/IEC 27001及びISO/IEC 27002との整合を図り、2012年の12月に改訂され、2016年2月、2018年2月に改訂されています。現在の最新版は、ISO/IEC 27000:2018となり、JIS版の最新は、2019年3月に発行された、JIS Q 27000:2019となります。

◆◆ ISO/IEC27001

前述した、情報セキュリティマネジメントシステム（ISMS）の要求事項を規定した規格で、2005年の10月に発行され、ISOの定期的な見直しの結果、2013年10月に改訂されました。現在、ISO/IEC 27002の改訂に合わせ、附属書Aを新バージョンのISO/IEC 27002に整合させるための限定的な改訂（追補）を行う予定です。

◆◆ ISO/IEC 27002

情報セキュリティマネジメントの実践的規範を規定した規格で、2005年の6月に発行されました。2006年5月には国内規格化され、JIS Q 27002:2006として発行されています。その後、ISO/IEC 27001の改訂にともない、2013年10月に改訂されました。現在、新バージョンとしての改訂作業中となり、改訂のフェーズは、DIS段階となっています。

ISO/IEC27000ファミリー規格	
ISMSの主要規格 ISO/IEC 27001 ISO/IEC 27000 ISO/IEC 27002	**ISMSや ISO/IEC 27001のガイダンス規格** ISO/IEC 27003　ISO/IEC 27005 ISO/IEC 27004　ISO/IEC TS 27008
認証審査や監査のための規格 ISO/IEC 27006 ISO/IEC 27007 ISO/IEC TS 27006-2	**その他、セクター規格など** セクター固有　　　サイバーセキュリティ ISO/IEC 27010　ISO/IEC 27100 ISO/IEC 27011　ISO/IEC TS 27110 ISO/IEC 27019　ISO/IEC 27012 　　　　　　　　ISO/IEC TR 27103
アドオン認証にも利用可能な規格 ISO/IEC 27017 ISO/IEC 27018 ISO/IEC 27701	その他のガイドライン ISO/IEC 27013 ISO/IEC 27014 ISO/IEC TR 27016 ISO/IEC 27021 ISO/IEC 27022

ISMSの認証審査や監査のための ISO/IEC27000ファミリー規格

ISO/IEC27000ファミリー規格には、企業が参照するための規格だけではなく、ISMSの認証機関のための規格も発行されています。

▶▶ 認証審査や監査のための規格

ISMSの認証審査や監査のための規格には、ISO/IEC 27006やISO/IEC 27007、ISO/IEC TS 27006-2があります。

▶▶ ISO/IEC 27006

ISO/IEC 27006の表題は、「情報技術-セキュリティ技術-情報セキュリティマネジメントシステムの審査及び認証を行う機関に対する要求事項」であり、ISMSの認証機関に対する要求事項を規定した規格です。

初版は2007年の3月に発行されました。その後、基本となるISO/IEC 17021が2011年に改訂されたため、その規格との整合を図り、2011年の12月に改訂されました。現在の最新版は、2015年に改訂された、ISO/IEC 27006:2015となり、JIS版の最新は、2018年3月に発行された、JIS Q 27006:2018となります。

現在、規格の改訂作業中であり、改訂後の規格番号と表題は、ISO/IEC 27006-1（情報技術-セキュリティ技術-情報セキュリティマネジメントシステムの審査及び認証を行う機関に対する要求事項-Part1：一般）になる予定です。

▶▶ ISO/IEC 27007

ISO/IEC 27007の表題は、「情報技術、サイバーセキュリティ及びプライバシー保護-セキュリティ技術-情報セキュリティマネジメントシステム監査の指針」であり、情報セキュリティマネジメントシステム（ISMS）の監査に関するガイダンスを規定した規格です。マネジメントシステム監査のための指針であるISO 19011

に加えて、ISMS固有のガイダンスを提供しています。

　初版は2011年の11月に発行されました。3年後の2014年に実施された、定期レビューの結果、改訂作業が行われ、2017年10月に改訂版が発行されました。

　その後、ISO 19011:2018との整合に限定した改訂作業が行われ、2020年1月に、ISO/IEC 27007:2020として発行されました。

▶▶ ISO/IEC TS 27006-2

　ISO/IEC TS 27006-2の表題は、「情報技術-セキュリティ技術-情報セキュリティマネジメントシステムの審査及び認証を行う機関に対する要求事項-Part2：プライバシー情報マネジメントシステム」であり、本書のテーマである、ISO/IEC 27701の認証機関に対する要求事項を規定した規格です。

　初版は2021年の3月に発行されました。なお、ISO/IEC 27701の認証機関に対しては、ISO/IEC 27006に加えて、この規格への適合が要求されます。

　また、現在、TS（技術仕様書）からIS（国際規格）に変更するための改訂作業が行われることが決定されました。

ISMSの認証審査や監査のためのISO/IEC27000ファミリー規格

ISMSの認証審査

ISO/IEC 27007
情報技術、サイバーセキュリティ及びプライバシー保護-セキュリティ技術-情報セキュリティマネジメントシステム監査の指針

ISO 19011
マネジメントシステム監査の指針

ISO/IEC 17021
マネジメントシステムの審査及び認証を行う機関に対する要求事項

ISO/IEC 27006
情報技術-セキュリティ技術-情報セキュリティマネジメントシステムの審査及び認証を行う機関に対する要求事項

ISMSの認証審査機関

3-3
ISMSやISO/IEC 27001の ガイダンス規格

ISO/IEC27000ファミリー規格には、ISO/IEC 27001の規格要求事項、ISMSのリスクマネジメントや監視、測定、分析及び評価の理解を促進するためのガイダンス規格も発行されています。

▶▶ ISMSやISO/IEC 27001のガイダンス規格

ISMSやISO/IEC 27001のガイダンス規格には、ISO/IEC 27003やISO/IEC 27004、ISO/IEC 27005、ISO/IEC TS 27008などがあります。

▶▶ ISO/IEC 27003

ISO/IEC 27003は、ISO/IEC 27001の規格要求事項に対するガイダンスを規定した規格です。初版は2010年に発行されました。その後、ISO/IEC 27001が2013年に改訂されたため、その規格との整合を図り、2017年の4月に改訂されました。現在の最新版は、ISO/IEC 27003:2017となり、ISO/IEC 27001:2013の規格要求事項の箇条にそって、要求される活動、説明、ガイダンス、関連情報が規定されています。

▶▶ ISO/IEC 27004

ISO/IEC 27004は、ISO/IEC 27001:2013の規格要求事項の**箇条9.1 監視、測定、分析及び評価**を満たすための情報セキュリティパフォーマンス及びISMSの有効性を評価するためのガイダンスを規定した規格です。

初版は2009年に発行されました。3年後の2012年に実施された、定期レビューの結果、改訂作業が行われ、2016年12月に改訂版が発行されました。

▶▶ ISO/IEC 27005

ISO/IEC 27005は、情報セキュリティリスクマネジメントに関するガイダンス

を規定した規格です。初版は2008年の6月に発行されました。その後、リスクマ
ネジメントの他の規格（ISO 31000:2009やISO Guide 73:2009）の発行に
伴い、整合を図るため、2011年の2月に改訂され、また2018年7月にも改訂さ
れました。さらにこの規格は、改訂作業中となります（規格の表題も「情報セキュ
リティリスクを管理するためのガイダンス」に変更予定）。

▶▶ ISO/IEC TS 27008

　ISO/IEC 27005は、情報セキュリティリスクマネジメントに関するガイダンス
を規定した規格です。

　初版は2011年の10月に発行されました。3年後の2014年に実施された、定
期レビューの結果、改訂作業が行われ、2019年2月に改訂版が発行されました。
なお、この改訂によって、当初は技術報告書（テクニカルレポート）だったこの規
格は、技術仕様書に変更されました。

ISMSやISO/IEC 27001のガイダンスを提供するISO/IEC27000ファミリー規格

ISO/IEC 27003
情報技術 - セキュリティ技術 - 情報セキュリティマネジメントシステム - ガイダンス

規格要求事項を解説

リスク管理の考え方を解説

管理策の評価を解説

ISO/IEC 27005
情報技術 - セキュリティ
技術 - 情報セキュリティリ
スクマネジメント

ISO/IEC 27001
情報セキュリティ
マネジメントシステム
（ISMS）の要求事項
を規定

ISO/IEC TS 27008
情報技術 - セキュリティ
技術 - 情報セキュリティ
管理策の評価のための
ガイドライン

情報セキュリティパフォーマンス及び ISMS の有効性評価を解説

ISO/IEC 27004
情報技術 - セキュリティ技術 - 情報セキュリティマネジメント - 監視、測定、分析及び評価

3-4
ISMSのアドオン認証にも利用可能な ISO/IEC27000ファミリー規格①

ISO/IEC27000ファミリー規格には、ISO/IEC 27001の認証に加えて、認証を受けることが可能な、規格も発行されています。

▶▶ アドオン認証にも利用可能な規格

ISMSのアドオン認証にも利用可能な規格には、ISO/IEC 27017やISO/IEC 27018、ISO/IEC 27701などがあります。なお、本書のテーマである、ISO/IEC 27701については、次の章で詳しく解説します。

▶▶ ISO/IEC 27017

ISO/IEC27017は、2015年に発行されたクラウドセキュリティに関するISO/IEC27000ファミリー規格です。この規格は、クラウドサービスの提供及び利用に関する情報セキュリティ管理策のためのガイドラインであり、情報セキュリティ管理策の実践のための規範である、ISO/IEC 27002をベースとして、クラウドサービス固有の実践の手引きや追加の管理策が示されています。

正式名称を、**ISO/IEC27002に基づくクラウドサービスのための情報セキュリティ管理策の実践的規範**としており、**クラウドサービスの提供及び利用に適用できる情報セキュリティ管理策**が規定されています。

情報セキュリティマネジメントシステム規格であるISO/IEC 27001の仕組み（ISMS）に、このISO/IEC27017の管理策を追加することで、クラウドサービスにも対応した情報セキュリティマネジメントシステムを構築することができます。

▶▶ ISO/IEC 27017の対象となる組織

この規格の対象となる組織は、クラウドサービスを提供する、又はクラウドサービス利用するあらゆる組織となります。詳しくは、以下の通りです。

- クラウドサービスプロバイダ（CSP）：クラウドサービスを提供している組織
- クラウドサービスカスタマ（CSC）：クラウドサービスを利用している組織
- クラウドサービスプロバイダ（CSP）かつクラウドサービスカスタマ（CSC）：クラウドサービスを利用し、クラウドサービスを提供している組織

▶▶ ISO/IEC 27017の認証制度

　この規格の認証については、ISMS適合性評価制度の認定機関である**ISMS-AC（情報マネジメントシステム認定センター）**が、2016年8月に、**ISMS クラウドセキュリティ認証制度**を開始しており、いくつかの認証機関が認定を受け、認証を実施しています。

　なお、この認証は、ISO/IEC27001に基づくISMS（情報セキュリティマネジメントシステム）のアドオンとしての認証であり、ベースのマネジメントシステムとして、ISMSの認証が必須となります。

　また、認証審査の基準となるのは、ISO/IEC27017の箇条5（情報セキュリティのための方針群）〜箇条18（順守）及び附属書Aの**クラウドサービス拡張管理策集**が対象となります。

ISO/IEC 27017とは	
発行	・2015 年 12 月 15 日
タイトル	・ISO/IEC27002 に基づくクラウドサービスのための情報セキュリティ管理策の実践的規範
規格のねらい	・クラウドサービスの提供及び利用に適用できる情報セキュリティ管理策を規定
適用組織	・クラウドサービスを提供している組織 ・クラウドサービスを利用している組織
認証	・ISMS のアドオン認証として可能
認証の対象	・ISO/IEC27017 の箇条 5 〜箇条 18（箇条 17 を除く） ・附属書 A（クラウドサービス拡張管理策集）
認定機関	・ISMS-AC（情報マネジメントシステム認定センター）
認証制度	・ISMS クラウドセキュリティ認証制度

3-5

ISMSのアドオン認証にも利用可能な ISO/IEC27000ファミリー規格②

ISO/IEC 27018は、クラウドサービス上の個人情報保護に特化したISO/IEC27000ファミリー規格です。クラウドサービス上で個人情報保護を取り扱う、クラウドサービス事業者が規格の対象となります。

▶▶ ISO/IEC 27018とは

ISO/IEC 27018は、2014年に発行されたクラウド環境における個人情報保護に関する初の国際規格です。

この規格は、情報セキュリティ管理策の実践のための規範である、ISO/IEC 27002をベースとして、クラウド上で取り扱われる個人情報を保護するためのベストプラクティスを提供しています。

正式名称を、**PIIプロセッサーとしての、パブリッククラウド上の個人が特定できる情報（PII）の保護に関する実践的規範**としており、**クラウドサービス上の個人情報を保護するための管理策**が規定されています。

情報セキュリティマネジメントシステム規格であるISO/IEC 27001の仕組み（ISMS）に、このISO/IEC 27018の管理策を追加することで、クラウドサービス上の個人情報保護にも対応した情報セキュリティマネジメントシステムを構築することができます。

▶▶ ISOIEC 27018の対象となる事業者は？

ISO/IEC 27018では、規格の登場人物として、PII主体（用語の定義3.4）、PIIコントローラー（管理者）、PIIプロセッサー（処理者）の3者が定義されています。

PII主体は、「個人を特定できる情報（PII）に関係する人」と定義されていることから、個人情報の主体（本人）を指しており、PIIコントローラー（管理者）は、「個人を特定できる情報（PII）を処理するための目的及び手段を決定する者」と定義されていることから、PII主体（本人）から個人情報を取得し、利用目的の範囲

で個人情報を利用する個人情報の取扱事業者を指します。最後に、PIIプロセッサー（処理者）は、「PIIコントローラー（管理者）の代わりに、個人を特定できる情報（PII）を処理する、又はPIIコントローラー（管理者）の指示に従って、個人を特定できる情報（PII）を処理するもの」と定義されていることから、クラウド環境を利用したサービスを、個人情報の取扱事業者であるPIIコントローラー（管理者）に提供するサービスプロバイダを指します。

　この三者の登場人物のうち、国内の「個人情報保護に関する法律」を、主として順守する義務を負うのが、PIIコントローラー（管理者）ですが、ISO/IEC 27018の役割では、PIIコントローラー（管理者）がその個人情報保護を確実にするためのサポートを担う、PIIプロセッサー（処理者）に対する要求事項が規定されています。

ISO/IEC 27018の登場人物

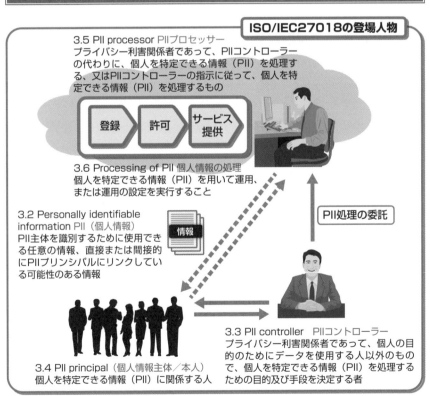

ISO/IEC27018の登場人物

3.5 PII processor PIIプロセッサー
プライバシー利害関係者であって、PIIコントローラーの代わりに、個人を特定できる情報（PII）を処理する、又はPIIコントローラーの指示に従って、個人を特定できる情報（PII）を処理するもの

登録　許可　サービス提供

3.6 Processing of PII 個人情報の処理
個人を特定できる情報（PII）を用いて運用、または運用の設定を実行すること

PII処理の委託

3.2 Personally identifiable information PII（個人情報）
PII主体を識別するために使用できる任意の情報、直接または間接的にPIIプリンシパルにリンクしている可能性のある情報

情報

3.4 PII principal（個人情報主体／本人）
個人を特定できる情報（PII）に関係する人

3.3 PII controller　PIIコントローラー
プライバシー利害関係者であって、個人の目的のためにデータを使用する人以外のもので、個人を特定できる情報（PII）を処理するための目的及び手段を決定する者

▶▶ ISO/IEC 27018の規格の構成

ISO/IEC 27018は、規格本文と附属書で構成されています。

ISO/IEC 27018の規格本文は、箇条0（イントロダクション）〜箇条18（順守）で構成されており、ISO/IEC27018の規格に特化した内容が、箇条0（イントロダクション）〜箇条4（概要）に規定されています。

また、箇条5（情報セキュリティのための方針群）〜箇条18（順守）にはISO/IEC 27002:2013をベースとしたクラウド上の個人情報保護関する情報セキュリティ管理策が規定されています。

なお、附属書については、附属書Aがあり、プライバシーフレームワークの国際規格である**ISO/IEC 29100:2011**をベースとした、**パブリッククラウドプロセッサーが拡大適用するPII保護のための管理策**が規定されています。

▶▶ ISO/IEC 27018の認証

この規格の認証については、現在のところ認定制度はなく、いくつかの認証機関がプライベート認証をしており、国内外あわせて、いくつかの企業が認証を取得しています。

なお、この認証は、ISO/IEC 27001に基づくISMS（情報セキュリティマネジメントシステム）のアドオンとしての認証であり、ベースのマネジメントシステムとして、ISMSの認証が必須となります。

また、認証審査の基準となるのは、ISO/IEC 27018の箇条5（情報セキュリティのための方針群）〜箇条18（順守）及び附属書Aの**パブリッククラウドプロセッサーが拡大適用するPII保護のための管理策**が対象となります。

ISO/IEC 27701
とは

　ここから、本書のメインテーマである、ISO/IEC 27701
について詳しく解説していきます。

　本章では、ISO/IEC 27701 の概要、ISO/IEC 27701 の
規格の構成や内容、ISO/IEC 27701 の認定・認証制度につ
いて解説します。

4-1

ISO/IEC 27701とは

ISO/IEC 27701は、ISOとして初の**プライバシー情報マネジメントシステム**に関する国際規格となります。

▶▶ ISO/IEC 27701とは

ISO/IEC 27701は、2019年8月に発行されたプライバシー情報マネジメントに関するISO/IEC 27000ファミリー規格です。正式名称を、**セキュリティ技術－プライバシー情報マネジメントのためのISO/IEC 27001及びISO/IEC 27002への拡張－要求事項及び指針**としており、**プライバシーマネジメントに関するISO/IEC 27001及びISO/IEC 27002への拡張**という形で、**プライバシー情報マネジメントシステム（PIMS)のPDCAを確立するための要求事項と手引**が規定されています。

したがって、情報セキュリティマネジメントシステム規格であるISO/IEC 27001の仕組み（ISMS）に、このISO/IEC 27701の要求事項を追加することで、**プライバシー情報マネジメントシステム**を構築することができます。

▶▶ ISOIEC 27701の対象となる組織は？

ISO/IEC 27701では、前述したISO/IEC 27018と同様に、PII主体、PII管理者、PII処理者の3者が登場します。

定義も同様に、PII主体は、個人情報の主体（本人）を指しています。また、PII管理者は、PII主体（本人）から個人情報を取得し、利用（処理）する個人情報の取扱事業者を指します。最後に、PII処理者は、PII管理者から個人情報及びその処理の委託を受ける事業者を指します。

ただし、この規格はISO/IEC 27018と異なり、**PII管理者が満たすべき要求事項**と、**PII処理者が満たすべき要求事項、PII管理者とPII処理者の両方が満たすべき要求事項**が規定されています。

▶▶ ISO/IEC 27701の規格の構成

　この規格は、**箇条1 適用範囲**、**箇条2 引用規格**、**箇条3 用語、定義及び略語**、**箇条4 一般**、**箇条5 ISO/IEC 27001に関連するPIMS固有の要求**、**箇条6 ISO/IEC 27002に関連するPIMS固有の手引**、**箇条7 PII管理者のためのISO/IEC 27002の追加の手引**、**箇条8 PII処理者のためのISO/IEC 27002の追加の手引**、附属書（A～F）で構成されています。

　なお、**箇条4 一般**で、規格の構成、ISO/IEC 27001:2013要求事項の適用、ISO/IEC 27002:2013指針の適用、顧客について説明しており、規格本文は、**箇条5 ISO/IEC 27001に関連するPIMS固有の要求**からとなります。

　また、**附属書**は、2つの**規定（Normative）**と4つの**参考（Informative）**で構成されており、附属書Aと附属書Bの2つの**規定（Normative）**が要求事項となっています。附属書C～附属書Fの4つの**参考（Informative）**は、この規格を理解するための参考資料となっています。

ISO/IEC 27701とは？	
規格の発行	・2019年8月
規格の表題	・セキュリティ技術－プライバシー情報マネジメントのためのISO/IEC 27001 及び ISO/IEC 27002 への拡張－要求事項及び指針
規格の目的	・情報セキュリティマネジメントシステム規格である ISO/IEC 27001 の仕組み（ISMS）に、この ISO/IEC 27701 の要求事項を追加することで、プライバシー情報マネジメントシステムを構築する
規格の対象の組織	・PII 管理者：PII 主体（本人）から個人情報を取得し、利用（処理）する個人情報の取扱事業者 ・PII 処理者：PII 管理者から個人情報及びその処理の委託を受ける事業者
規格の構成	・箇条 1 適用範囲、箇条 2 引用規格、箇条 3 用語、定義及び略語 ・箇条 4 一般 ・箇条 5 ISO/IEC 27001 に関連する PIMS 固有の要求 ・箇条 6 ISO/IEC 27002 に関連する PIMS 固有の手引 ・箇条 7 PII 管理者のための ISO/IEC 27002 の追加の手引 ・箇条 8 PII 処理者のための ISO/IEC 27002 の追加の手引 ・附属書 A（規定）PIMS 固有の参照管理目的及び管理策（PII 管理者） ・附属書 B（規定）PIMS 固有の参照管理目的及び管理策（PII 処理者） ・附属書 C～F（参考）

第4章　ISO／IEC　27701とは

4-2

ISO/IEC 27701の規格の概要

ISO/IEC 27701の認証を取得するためには、箇条5に規定された要求事項と、附属書Aまたは附属書Bの要求事項を満たす必要があります。

▶▶ 箇条1～箇条4

箇条1には、この規格がカバーする範囲が規定されており、箇条2には、引用規格が規定されています。また、箇条3には、この規格で使用する用語と定義が規定されています。最後に、箇条4には、この規格の構成やISO/IEC 27001:2013、及びISO/IEC27002:2013の適用に関する情報が規定されています。

▶▶ 箇条5

箇条5 ISO/IEC 27001に関連するPIMS固有の要求は、ISO/IEC 27001の規格要求事項に関する、プライバシー情報マネジメントシステム（PIMS）の固有の要求事項が規定されています。認証基準となり、ISO/IEC 27701の認証を取得するために、満たさなければならない要求事項となります。また、この要求事項は、PII管理者とPII処理者の両方が満たすべき要求事項となります。

▶▶ 箇条6

箇条6 ISO/IEC 27002に関連するPIMS固有の手引には、ISO/IEC 27002の情報セキュリティ管理策に関する、プライバシー情報マネジメントシステム（PIMS）の固有の手引が規定されています。

▶▶ 箇条7及び箇条8

箇条7 PII管理者のためのISO/IEC 27002の追加の手引には、PII管理者のためのISO/IEC 27002の追加の手引が規定されており、箇条8 PII処理者のためのISO/IEC 27002の追加の手引には、PII処理者のためのISO/IEC 27002の追加

の手引が規定されています。

▶▶ 附属書A規定（Normative）及びB規定（Normative）

　附属書A（規定）PIMS固有の管理目的及び管理策（PII管理者）には、PII管理者として活動する組織のためのPIMS固有の管理目的及び管理策が規定されています。したがって、この管理策は**認証基準**となり、**PII管理者が満たすべき要求事項**となります。

　また、**附属書B（規定）PIMS固有の管理目的及び管理策（PII処理者）**には、PII処理者として活動する組織のためのPIMS固有の管理目的及び管理策が規定されています。したがって、この管理策は**認証基準**となり、**PII処理者が満たすべき要求事項**となります。

ISO/IEC 27701の構成

- 箇条1　適用範囲
- 箇条2　引用規格
- 箇条3　用語,定義及び略語
- 箇条4　一般
- **箇条5　ISO/IEC 27001に関連するPIMS固有の要求** ← 認証基準
- 箇条6　ISO/IEC 27002に関連するPIMS固有の手引
- 箇条7　PII管理者のためのISO/IEC 27002の追加の手引
- 箇条8　PII処理者のためのISO/IEC 27002の追加の手引
- **附属書A（規定）PIMS固有の参照管理目的及び管理策（PII管理者）** ← 認証基準
- **附属書B（規定）PIMS固有の参照管理目的及び管理策（PII処理者）** ← 認証基準
- 附属書C（参考）ISO/IEC 29100への対応付け
- 附属書D（参考）一般データ保護規則への対応付け
- 附属書E（参考）ISO/IEC 27018及びISO/IEC 29151への対応付け
- 附属書F（参考）ISO/IEC 27701をISO/IEC 27001及びISO/IEC 27002に適用する方法
- 参考文献

ISMSの規格要求事項にプライバシー情報マネージャーを追加するための要求事項

個人情報を本人から直接取得し利用処理）する事業者が満たすべき要求事項

個人情報及びその処理を顧客から委託される事業者が満たすべき要求事項

4-3

ISO/IEC 27701の認定・認証制度

国内のISO/IEC 27701に関する認定・認証制度は、ISMS-ACが認定機関となり、2020年12月15日から開始されています。

▶▶ ISO/IEC 27017の認定・認証制度

ISO/IEC 27017の認定・認証制度については、ISMS適合性評価制度の認定機関である**ISMS-AC（情報マネジメントシステム認定センター）**が、2020年12月15日に、**ISMS-PIMS認証制度**を開始しており、既に認証機関が認定を受け、認証を実施しています。

なお、この認証は、ISO/IEC27001に基づくISMS（情報セキュリティマネジメントシステム）のアドオンとしての認証であり、ベースのマネジメントシステムとして、ISMSの認証が必須となります。

▶▶ 認証機関及び認証を取得する組織が満たすべき規格

ISMS-PIMS認証制度において、審査、認証を行う認証機関（**ISMS-PIMS認証機関**）が、満たすべき要求事項は、以下の規格となります。

- ISO/IEC 17021-1（適合性評価－マネジメントシステムの審査及び認証を行う機関に対する要求事項－第1部：要求事項）
- ISO/IEC 27006（情報技術-セキュリティ技術-情報セキュリティマネジメントシステムの審査及び認証を行う機関に対する要求事項）
- **JIP-ISAC102-2.0 ISMS-PIMS認証機関認定基準及び指針（ISO/IEC TS 27006-2：情報技術-セキュリティ技術-情報セキュリティマネジメントシステムの審査及び認証を行う機関に対する要求事項-Part2：プライバシー情報マネジメントシステム）**

次に、認証を取得する組織が満たすべき要求事項は、**ISO/IEC 27001（情報セキュリティマネジメントシステム-要求事項）**に加え、前述した**ISO/IEC 27701**の以下の要求事項となります。

- ■ **箇条5 ISO/IEC 27001に関連するPIMS固有の要求**
- ■ **附属書A（規定）PIMS固有の管理目的及び管理策（PII管理者）**
- ■ **附属書B（規定）PIMS固有の管理目的及び管理策（PII処理者）**

なお、PII主体（本人）から個人情報を取得し、利用目的の範囲で個人情報を利用する個人情報の取扱事業者は、**箇条5 ISO/IEC 27001に関連するPIMS固有の要求**及び**附属書A（規定）PIMS固有の管理目的及び管理策（PII管理者）**が適用され、PII管理者から個人情報の処理の委託を受ける事業者は、**箇条5 ISO/IEC 27001に関連するPIMS固有の要求**及び**附属書B（規定）PIMS固有の管理目的及び管理策（PII処理者）**が適用されます。

ISMS-PIMS認証制度

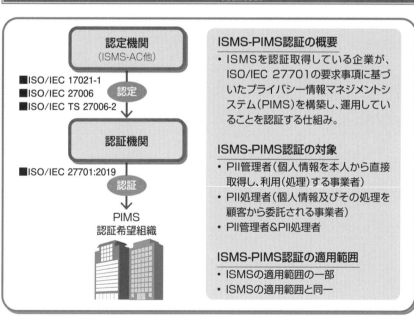

第4章 ISO/IEC 27701とは

▶▶ プライバシーマークとの違い

　個人情報保護マネジメントシステムに基づく、プライバシーマーク制度と、ISO/IEC 27701の**ISMS-PIMS認証制度**との主要な相違点は、対象となる個人情報の選択と認証を受ける部門や事業の選択の違いとなります。

　プライバシーマーク制度では、認証を受ける部門や事業については、**全社全事業を適用範囲にする**必要があり、対象となる個人情報も自社の社員情報を含む、**全ての個人情報を対象にする**必要があります。それに対して、ISO/IEC 27701の**ISMS-PIMS認証制度**は、適用範囲する事業や部門、対象となる個人情報は、組織が選択することができます。

プライバシーマークとの違い		
	ISMS-PIMS 認証制度	プライバシーマーク制度
制度	公式な ISO 認定・認証制度（国際的な制度）	国内に限定された制度
認証基準	ISO/IEC 27701:2019	JIS Q 15001:2017
適用範囲	組織で選択可能	全社全事業が条件
対象となる個人情報	組織で選択可能	社員情報を含むすべての個人情報を対象とすることが条件
GDPR の準拠性	高い（附属書にて GDPR との整合性を規定）	低い
認定機関	ISO の認定機関（日本、米国など）	日本の JIPDEC のみ
審査の対象	ISMS に ISO/IEC 27701 に基づくプライバシー情報マネジメントを追加（拡大認証）	JIS Q 15001 に基づく個人情報保護マネジメントシステムの確立と運用

ISO/IEC 27701の規格要求事項を理解する①
箇条5の要求事項

　プライバシー情報マネジメントシステムの構築の鍵は、ISO/IEC 27701 の規格要求事項を正しく理解し、自社の特性に応じた仕組みをつくることです。この章からは、具体的にISO/IEC 27701:2019 の規格要求事項の内容をみていきましょう。最初の要求事項は、プライバシー情報マネジメントシステムの PDCA サイクルのフレームワークに関する要求事項にあたる箇条 5 です。

5-1
箇条5とは

箇条5は、PII管理者とPII処理者が満たすべき要求事項が規定されており、ISO/IEC 27001:2013の規格要求事項に従って、追加要求事項が規定されています。

▶▶ 箇条5の概要

箇条5 ISO/IEC 27001に関連するPIMS固有の要求は、**PII管理者**と**PII処理者**の両方が満たすべき要求事項が規定されています。

▶▶ 箇条5の構成

箇条5 ISO/IEC 27001に関連するPIMS固有の要求は、以下の8つで構成されており、5.2 組織の状況から5.8 改善は、ISO/IEC 27001:2013の規格要求事項の4 組織の状況から10 改善に対応しています。

- 5.1 一般
- 5.2 組織の状況
- 5.3 リーダーシップ
- 5.4 計画
- 5.5 支援
- 5.6 運用
- 5.7 パフォーマンス評価
- 5.8 改善

なお、**5.1 一般**で、ISO/IEC 27001:2013の規格要求事項に、このISO/IEC 27701:2019の**箇条5 ISO/IEC 27001に関連するPIMS固有の要求**の規格要求事項を用いて、PII（個人情報）の処理により影響を受ける可能性があるプライバシーの保護を拡張することを求めています。

▶▶ 箇条5のうち追加要求事項が規定されている要求事項

　箇条5 ISO/IEC 27001に関連するPIMS固有の要求のうち追加要求事項が規定されている要求事項は、5.2 組織の状況と5.4 計画に規定された、以下の6つとなっています。

- ■ 5.2.1 組織及びその状況の理解
- ■ 5.2.2 利害関係者のニーズ及び期待の理解
- ■ 5.2.3 情報セキュリティマネジメントシステムの適用範囲の決定
- ■ 5.2.4 情報セキュリティマネジメントシステム
- ■ 5.4.1.2 情報セキュリティリスクアセスメント
- ■ 5.4.1.3 情報セキュリティリスク対応

　その他の要求事項には、**5.1 一般に規定する解釈とともに, ISO/IEC 27001:2013に規定する要求事項を適用する**と規定されています。

ISO/IEC 27701とは？		
ISO/IEC 27001:2013 の規格要求事項	ISO/IEC 27701:2019 の規格要求事項	追加要求事項
箇条4 組織の状況	5.2 組織の状況	あり •5.2.1 組織及びその状況の理解 •5.2.2 利害関係者のニーズ及び期待の理解 •5.2.3 情報セキュリティマネジメントシステムの適用範囲の決定 •5.2.4 情報セキュリティマネジメントシステム
箇条5 リーダーシップ	5.3 リーダーシップ	なし
箇条6 計画	5.4 計画	あり •5.4.1.2 情報セキュリティリスクアセスメント •5.4.1.3 情報セキュリティリスク対応
箇条7 支援	5.5 支援	なし
箇条8 運用	5.6 運用	なし
箇条9 パフォーマンス評価	5.7 パフォーマンス評価	なし
箇条10 改善	5.8 改善	なし

5-2

5.2.1 組織及びその状況の理解

5.2.1では、プライバシー保護としての**組織の役割**（PII管理者やPII処理者）や、既存の内外部の課題に追加すべき、**内外部の要因**に関する追加要求事項が規定されています。

▶▶ 5.2.1 組織及びその状況の理解

5.2.1 組織及びその状況の理解では、以下を明確にすること（決定すること）を要求しています。

- 自らの役割（PII管理者かPII処理者か、又は両方か）
- 組織が両方の役割で活動する場合の個々の役割（PII主体毎の管理策の適用）
- ISO/IEC 27001:2013の**4.1 組織及びその状況の理解**で決定したものに加え、組織の状況に関連する外部及び内部要因、並びに自らのPIMSの意図した成果を達成する組織の能力に影響を与える外部及び内部要因

▶▶ ISO/IEC 27001:2013の要求事項

ISO/IEC 27001:2013の**4.1 組織及びその状況の理解**では、ISMSを構築し、導入する組織の目的に関連し、かつ、そのISMSの意図した成果を達成する組織の能力に影響を与える、外部及び内部の課題を決定することを要求しています。

すなわち、ISMSを通してどのような成果を出したいのか、それに影響する組織内外の課題は何かを明確にすることです。

なお、特定された内外部の課題は、**4.3 情報セキュリティマネジメントシステムの適用範囲の決定**のインプットとなり、ISMSの適用範囲を決定する上で考慮すべき要素となります。また、**6.1 リスク及び機会に対処する活動　6.1.1 一般**のインプットにもなり、取り組む必要があるリスク及び機会を決定する上で考慮すべき要素となります。

▶▶ 5.2.1 組織及びその状況の理解の適用

　ISO/IEC 27001:2013の**4.1 組織及びその状況の理解**で決定したものに加え、PIMSの意図した成果を達成する組織の能力に影響を与える外部及び内部要因を明確にする必要があります。なお、その要因には、以下のようなものが含まれる可能性があるとしています。

- 適用されるプライバシーや個人情報保護に関する法令
- 適用されるプライバシーや個人情報保護に関する規制
- 適用されるプライバシーや個人情報保護に関する判決
- 適用されるプライバシーや個人情報保護に関する組織の状況、ガバナンス、方針及び手順
- 適用されるプライバシーや個人情報保護に関する行政上の決定
- 適用されるプライバシーや個人情報保護に関する契約上の要求事項

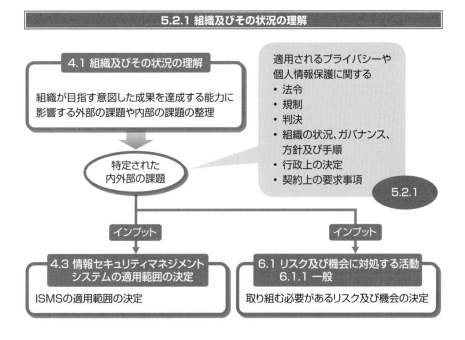

5.2.1 組織及びその状況の理解

第5章　ISO／IEC 27701の規格要求事項を理解する① 箇条5の要求事項

5-3

5.2.2 利害関係者のニーズ及び期待の理解

5.2.2では、既存の利害関係者及び要求事項に追加すべき、PII（個人情報）の利用（処理）に係わる利害関係者に関する追加要求事項が規定されています。

▶▶ 5.2.2 利害関係者のニーズ及び期待の理解

5.2.2 利害関係者のニーズ及び期待の理解では、ISO/IEC 27001:2013の**4.2 利害関係者のニーズ及び期待の理解**で明確にした（決定した）利害関係者に加え、PII主体（本人）を含め、PII（個人情報）の利用（処理）に関連して利害又は責任をもつ関係者を含むことを要求しています。

▶▶ ISO/IEC 27001:2013の要求事項

ISO/IEC 27001:2013の**4.2 利害関係者のニーズ及び期待の理解**では、ISMSに関連する利害関係者を特定すること、及びそれらの利害関係者の情報セキュリティに関連する要求事項を特定することを要求しています。

この要求事項もマネジメントシステムを確立する上での出発点となるものとなり、効果的な情報セキュリティマネジメントシステムを確立する上で、**考慮すべき利害関係者は誰なのか？**また、それらの利害関係者は、自社のISMSに対して、**どのような要望や期待、関心を持っているのか？**を明確にすることを要求しています。

なお、利害関係者について、マネジメントシステム規格では、組織の意思決定若しくは活動に影響を与え、組織から影響されることがある又は影響されると認識しているあらゆる人又は組織と定義されていることから、株主やオーナー、規制当局、顧客、サプライヤー、委託先、従業員などが該当します。

また、ISO/IEC 27001:2013の**4.2 利害関係者のニーズ及び期待の理解**の注記には、利害関係者の要求事項には、法的及び規制要求事項、並びに契約上の義務を含んでもよい、としていることから、このプロセスを通じて、該当する情報セキュリティ関連の法的及び規制要求事項を特定し、附属書Aの**A.18.1.1 適用法令**

及び契約上の要求事項の特定と整合を図り、コンプライアンスプログラムを確立することが望まれます。

　なお、特定された利害関係者のニーズ及び期待は、**4.3 情報セキュリティマネジメントシステムの適用範囲の決定**のインプットとなり、ISMSの適用範囲を決定する上で考慮すべき要素となります。また同様に、**6.1 リスク及び機会に対処する活動　6.1.1 一般**のインプットにもなり、取り組む必要があるリスク及び機会を決定する上で考慮すべき要素となります。

▶▶ 5.2.2 利害関係者のニーズ及び期待の理解の適用

　ISO/IEC 27001:2013の**4.2 利害関係者のニーズ及び期待の理解**で明確にした（決定した）利害関係者及び要求事項に加え、プライバシー保護／個人情報保護に関する規制当局、顧客、共同PII管理者、PII主体（本人）、PII（個人情報）の処理を委託するPII処理者などを追加する必要があります（既存のISMSで特定されていない場合）。

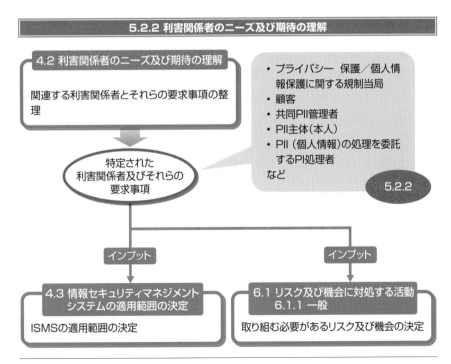

5.2.2 利害関係者のニーズ及び期待の理解

4.2 利害関係者のニーズ及び期待の理解

関連する利害関係者とそれらの要求事項の整理

特定された利害関係者及びそれらの要求事項

- プライバシー 保護／個人情報保護に関する規制当局
- 顧客
- 共同PII管理者
- PII主体(本人)
- PII（個人情報）の処理を委託するPI処理者

など

5.2.2

インプット

インプット

4.3 情報セキュリティマネジメントシステムの適用範囲の決定

ISMSの適用範囲の決定

6.1 リスク及び機会に対処する活動
6.1.1 一般

取り組む必要があるリスク及び機会の決定

5.2.3 情報セキュリティマネジメントシステムの適用範囲の決定 / 5.2.4 情報セキュリティマネジメントシステム

5.2.3では、情報セキュリティマネジメントシステム（ISMS）の適用範囲に、**追加すべき内容**に関する追加要求事項が規定されています。

▶▶ 5.2.3及び5.2.4

5.2.3 情報セキュリティマネジメントシステムの適用範囲の決定では、プライバシー情報マネジメントシステム（PIMS）の適用範囲を定めるときに、その適用範囲に、PII（個人情報）の利用（処理）を含めることを要求しています。

また、**5.2.4 情報セキュリティマネジメントシステム**では、ISO/IEC 27701:2019の箇条5の要求事項によって拡張されたISO/IEC 27001:2013の箇条4〜10の要求事項に従って、プライバシー情報マネジメントシステム（PIMS）を確立し、実施し、維持し、継続的に改善することを要求しています。

▶▶ ISO/IEC 27001:2013の要求事項

ISO/IEC 27001:2013の**4.3 情報セキュリティマネジメントシステムの適用範囲の決定**では、ISMSの適用範囲を定めるために、その境界及び適用可能性を決定することを要求しています。また、特定された内外部の課題（**4.1組織及びその状況の理解**）及び特定された利害関係者のニーズ及び期待（**4.2利害関係者のニーズ及び期待の理解**）を、適用範囲の決定において考慮すること、ならびに適用範囲内の事業活動と適用範囲外の事業活動の間に関するインターフェース及び依存関係も考慮することを要求しています。あわせて、ISMSの適用範囲を文書化することを要求しています。

4.4 情報セキュリティマネジメントシステムは、総論の要求事項で、ISO/IEC27001:2013の規格要求事項を用いて、情報セキュリティマネジメントシステムを確立し、実施し、維持し、かつ継続的に改善すること、すなわち、ISMSの仕組みを導入し、PDCAサイクルを回すことを要求しています。

5.2.3及び5.2.4の適用

ISO/IEC 27001:2013の**4.3 情報セキュリティマネジメントシステムの適用範囲の決定**に基づいて**決定した適用範囲**に、PII（個人情報）の利用（処理）に関するプロセスを追加する必要があります（既存のISMSで含まれていない場合）。なお、**5.2.4 情報セキュリティマネジメントシステム**は、総論の要求事項ですので、特に追加のアクションは必要ありません。

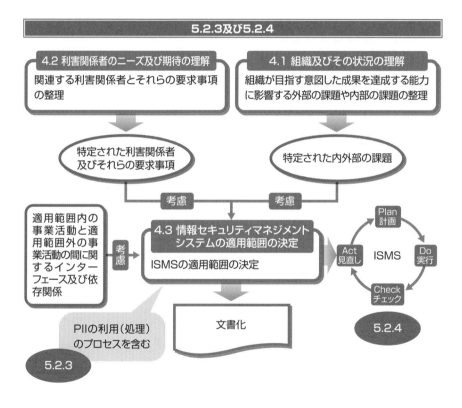

第5章 ISO/IEC 27701の規格要求事項を理解する① 箇条5の要求事項

5-5
5.4.1.2 情報セキュリティ
リスクアセスメント

5.4.1.2では、情報セキュリティリスクアセスメントプロセスに**追加すべきプライバシーリスクアセスメント**に関する追加要求事項が規定されています。

▶▶ 5.4.1.2 情報セキュリティリスクアセスメント

5.4.1.2 **情報セキュリティリスクアセスメント**では、ISO/IEC 27001:2013の**6.1.2 c) 1)**を、以下のように改定することを要求しています。

- プライバシー情報マネジメントシステム（PIMS）の適用範囲内で、機密性、完全性及び可用性の喪失に伴うリスクを特定するために、情報セキュリティリスクアセスメントプロセスを適用すること
- プライバシー情報マネジメントシステム（PIMS）の適用範囲内で、PIIの利用（処理）に関連するリスクを特定するために、プライバシーリスクアセスメントプロセスを適用すること
- リスクアセスメントのプロセス全体を通じて、情報セキュリティとPII（個人情報）保護の関係が適切に管理されていることを確実にすること

また、ISO/IEC 27001:2013の6.1.2 d) 1)を、「**ISO/IEC 27001:2013の6.1.2 c)で特定されたリスクが実際に生じた場合に、組織とPII主体（本人）の両方に起こり得る結果について評価すること**」に改定することを要求しています。

▶▶ ISO/IEC 27001:2013の要求事項

ISO/IEC 27001:2013の**6.1.2 情報セキュリティリスクアセスメント**では、ISMSの核となる情報セキュリティリスクアセスメントプロセスを確立することを要求しています。詳しくは、以下のとおりです。

- 情報セキュリティリスクアセスメントの基準及び手順を確立すること(6.1.2 a)及びb))
- 情報セキュリティリスクを特定すること（6.1.2 c)）
- 情報セキュリティリスクを分析すること（6.1.2 d)）
- 情報セキュリティリスクを評価すること（6.1.2 e)）
- 情報セキュリティリスクアセスメントプロセスについての文書化した情報を保持すること

▶▶ 5.4.1.2 情報セキュリティリスクアセスメントの適用

　ISO/IEC 27001:2013の**6.1.2 情報セキュリティリスクアセスメント**に基づいて確立した、情報セキュリティリスクアセスメントに加えて、**プライバシーリスクアセスメント**のプロセスを追加し、情報セキュリティとPII（個人情報）保護を管理すること、及びリスク分析の影響評価に、**自社とPII主体（本人）の両方に起こり得る結果**を追加する必要があります（既存のISMSで含まれていない場合）。

5.4.1.2 情報セキュリティリスクアセスメント

6.1.2 情報セキュリティリスクアセスメント

- 情報セキュリティリスクアセスメントの基準を確立し、維持すること
  - 情報セキュリティリスクを特定すること
  - 情報セキュリティリスクを分析すること
  - 情報セキュリティリスクを評価すること
- 情報情報セキュリティリスクアセスメントプロセスについての文書化した情報を保持すること

プライバシーリスクアセスメントのプロセスを追加し、情報セキュリティとPII(個人情報)保護を管理すること
5.4.1.2

リスク分析の影響評価に、自社とPII主体(本人)の両方に起こり得る結果を追加すること
5.4.1.2

5-6

5.4.1.3 情報セキュリティ
リスク対応

5.4.1.3では、情報セキュリティリスク対応プロセスに**追加すべき内容**に関する
追加要求事項が規定されています。

▶▶ 5.4.1.3 情報セキュリティリスク対応

5.4.1.3 **情報セキュリティリスク対応**では、ISO/IEC 27001:2013の**6.1.3 c)**
を、以下のように改定することを要求しています。

- 必要な管理策が見落とされていないことを検証するために、ISO/IEC
  27001:2013の6.1.3 b)で決定した管理策を、ISO/IEC 27701:2019
  の附属書A及び/又は附属書B及びISO/IEC 27001:2013の附属書Aの管
  理策と比較すること

- リスク対応に関するISO/IEC 27001:2013附属書Aの管理目的及び管理
  策の適用可能性を評価する場合、管理目的及び管理策は、情報セキュリティ
  に対するリスク及びPII主体に対するリスクを含むPII処理に関連するリスク
  の両方において検討すること

また、ISO/IEC 27001:2013の**6.1.3 d)**を、以下のように改定することを要
求しています。

- 次の事項を含む，適用宣言書を作成する
  - ▾ 必要な管理策（ISO/IEC 27001:2013の6.1.3 b)及びc)参照）
  - ▾ それらの管理策を含めた理由
  - ▾ 必要な管理策を実施しているか否か
- 組織の役割の決定に従って、附属書A及び/又は附属書B及びISO/IEC
  27001:2013の附属書Aの管理策を除外した理由（5.2.1参照）。
- 附属書に規定している全ての管理目的及び管理策を、PIMSの実施に含める
  必要はない。除外した理由は、リスクアセスメントによって管理策が必要と
  みなされない場合、またPII主体に適用されるものを含め、法令及び/又は規

制によってそれらが必要でない場合（又は法令及び/又は規制のもとで、それらが例外に該当する場合）を含み得る。

▶▶ ISO/IEC 27001:2013の要求事項

　ISO/IEC 27001:2013の**6.1.3 情報セキュリティリスク対応**では、情報セキュリティリスク対応の手順を確立することを要求しています。

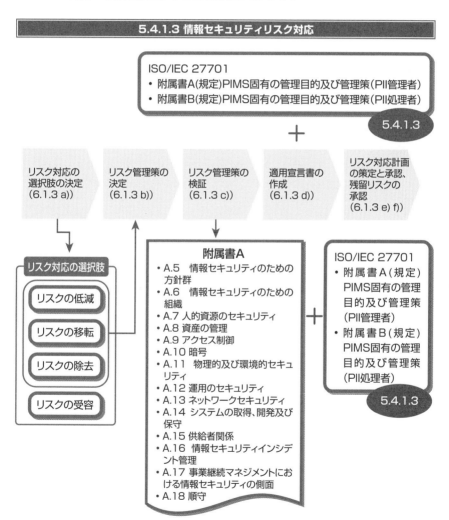

　リスク対応の選択肢の決定（6.1.3 a)）については、**6.1.2 情報セキュリティリスクアセスメント**で実施した結果を考慮して、適切な情報セキュリティリスク対応の選択肢を選定することを要求しています。なお、選択肢には、リスクの低減、受容、除去、及び移転が考えられます。

　リスク管理策の決定（6.1.3 b)）については、リスク対応の選択肢の決定（6.1.3 a)）で選定した、選択肢の実施に必要な全ての管理策を決定することを要求しています。

　リスク管理策の検証（6.1.3 c)）については、リスク管理策の決定（6.1.3 b)）で決定した管理策を、ISO/IEC27001:2013の附属書Aに規定された管理策と比較し、自社にとって必要な管理策が、見落とされていないかを検証することを要求しています。

　適用宣言書の作成（6.1.3 d)）については、ISO/IEC27001:2013の附属書Aに基づく適用宣言書を作成することを要求しています。なお、適用宣言書とは、自社のISMSで導入し、運用する管理策及びその選択の理由を明確にするための一覧表を指します。

　情報セキュリティリスク対応計画の策定（6.1.3 e)）については、リスク管理策の決定(6.1.3 b)）で決定した管理策を、具体的に導入するための、情報セキュリティリスク対応計画を策定することを要求しています。

　情報セキュリティリスク対応計画及び残留リスクの承認（6.1.3 f)）については、6.1.3 e)で策定した計画と、残留リスク（残留している情報セキュリティリスクの受容）について、リスク所有者の承認を得ることを要求しています。

▶▶ 5.4.1.3 情報セキュリティリスク対応の適用

　管理策の検証に、ISO/IEC 27001:2013の附属書Aの管理策に加え、ISO/IEC 27701:2019の附属書A及び附属書Bを追加すること、リスク対応に関するISO/IEC 27001:2013附属書Aの管理目的及び管理策の適用を評価する場合は、情報セキュリティリスクとPIIの処理に関連するリスクの両方を検討すること、適用宣言書に、ISO/IEC 27701:2019の附属書A及び附属書Bを追加することが必要になります。

ISO/IEC 27701の
規格要求事項を理解する②
附属書Aの管理策

　この章では、PII 管理者として活動する組織に適用される管理目的及び管理策の内容をみていきましょう。

　附属書 A は、A.7.2 収集及び処理の条件、A.7.3 PII 主体に対する義務、A.7.4 プライバシー・バイ・デザイン及びプライバシー・バイ・デフォルト、A.7.5 PII の共有、移転及び開示で構成されます。

6-1
附属書Aとは

ISO 27701:2019の附属書Aは、PII管理者として活動する組織のためのPIMS
固有の管理目的及び管理策が規定されています。

▶▶ 附属書Aの概要

附属書A（規定）PIMS固有の管理目的及び管理策（PII管理者）は、ISO/IEC
27001:2013の附属書A（規定）**管理目的及び管理策**を拡張したものであり、PII管理
者として活動する組織のためのPIMS固有の管理目的及び管理策が規定されています。

▶▶ 附属書Aの用途

附属書A（規定）PIMS固有の管理目的及び管理策（PII管理者）は、ISO/IEC
27701:2019の**5.4.1.2 情報セキュリティリスクアセスメント**で規定された、プ
ライバシーリスクアセスメントの結果に基づき、**5.4.1.3 情報セキュリティリスク
対応の6.1.3 c)**における、管理策の検証に用いられます（必要な管理策が見落と
されていないことの検証）。

検証の結果、適用すると判断された管理策は、**認証基準**となり、**PII管理者が満
たすべき要求事項**となります。

▶▶ 附属書Aの構成

附属書A（規定）PIMS固有の管理目的及び管理策（PII管理者）は、以下の4つ
で構成されています。

- A.7.2 収集及び処理の条件
- A.7.3 PII主体に対する義務
- A.7.4 プライバシー・バイ・デザイン及びプライバシー・バイ・デフォルト
- A.7.5 PIIの共有、移転及び開示

　なお、**附属書A（規定）PIMS固有の管理目的及び管理策（PII管理者）** の箇条番号は、**箇条7 PII管理者のためのISO/IEC 27002の追加の手引**の箇条番号と紐づけられており、**箇条7 PII管理者のためのISO/IEC 27002の追加の手引**は、**附属書A（規定）PIMS固有の管理目的及び管理策（PII管理者）** に規定された管理策を理解するための手引きとなっています。

　したがって、**附属書A（規定）PIMS固有の管理目的及び管理策（PII管理者）** は、〜しなければならない（Shall）と規定されているのに対し、**箇条7 PII管理者のためのISO/IEC 27002の追加の手引**は、〜することが望ましい（Should）と規定されています。

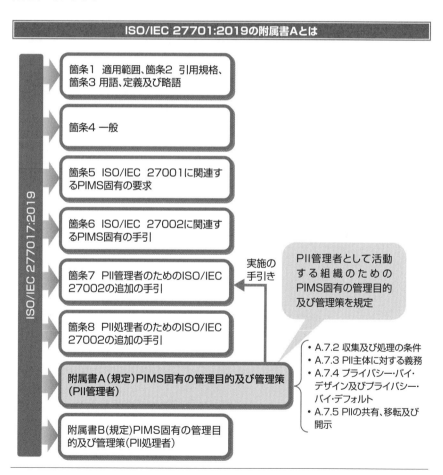

ISO/IEC 27701:2019の附属書Aとは

ISO/IEC 27017:2019

- 箇条1 適用範囲、箇条2 引用規格、箇条3 用語、定義及び略語
- 箇条4 一般
- 箇条5 ISO/IEC 27001に関連するPIMS固有の要求
- 箇条6 ISO/IEC 27002に関連するPIMS固有の手引
- 箇条7 PII管理者のためのISO/IEC 27002の追加の手引
- 箇条8 PII処理者のためのISO/IEC 27002の追加の手引
- 附属書A（規定）PIMS固有の管理目的及び管理策（PII管理者）
- 附属書B（規定）PIMS固有の管理目的及び管理策（PII処理者）

実施の手引き

PII管理者として活動する組織のためのPIMS固有の管理目的及び管理策を規定

- A.7.2 収集及び処理の条件
- A.7.3 PII主体に対する義務
- A.7.4 プライバシー・バイ・デザイン及びプライバシー・バイ・デフォルト
- A.7.5 PIIの共有、移転及び開示

6-2
A.7.2 収集及び処理の条件

A.7.2 収集及び処理の条件は、利用目的の特定や個人情報の本人との同意、PII処理者との契約などに関する管理目的及び管理策が規定されています。

▶▶ A.7.2 収集及び処理の条件の概要

A.7.2 収集及び処理の条件の構成の管理目的では、**PII（個人情報）の利用（処理）が適法であり、明確に定義された利用目的（処理の目的）を文書化すること**としており、その管理目的を実現するための、利用目的（処理の目的）や根拠の特定、PII主体（本人）からの同意、プライバシー影響評価、PII処理者との契約、共同PII管理者との役割及び責任、処理の記録に関する管理策が規定されています。

▶▶ A.7.2 収集及び処理の条件の構成

A.7.2 収集及び処理の条件は、A.7.2.1 目的の特定及び文書化、A.7.2.2 適法な根拠の特定、A.7.2.3 いつどのように同意を得るかの決定、A.7.2.4 同意の取得及び記録、A.7.2.5 プライバシー影響評価、A.7.2.6 PII処理者との契約、A.7.2.7 共同PII管理者、A.7.2.8 PIIの処理に関連する記録の8つの管理策で構成されています。

▶▶ 関連する日本の個人情報保護法

A.7.2 収集及び処理の条件に、直接的または間接的に関連する、**個人情報保護に関する法律**の条項は、以下のとおりとなります。

- 第15条 利用目的の特定
- 第18条 取得に際しての利用目的の通知等
- 第21条 委託先の監督
- 第23条 第三者提供の制限

　なお、このうち、**第15条　利用目的の特定**に関連するのが、**A.7.2.1 目的の特定及び文書化**と**A.7.2.2 適法な根拠の特定**となり、**第18条　取得に際しての利用目的の通知等**に関連するのが、**A.7.2.3 いつどのように同意を得るかの決定**と**A.7.2.4 同意の取得及び記録**になります。

　また、**第15条　利用目的の特定の2項**に間接的に関連するのが、**A.7.2.5 プライバシー影響評価**となります。

　最後に、**第21条 委託先の監督**に関連するのが、**A.7.2.6 PII処理者との契約**となり、**A.7.2.7 共同PII管理者**に関連するのが、**第23条 第三者提供の制限**となります。

A.7.2 収集及び処理の条件とは

利用目的の特定や個人情報の本人との同意、PII処理者との契約などに関する管理目的及び管理策を規定

附属書A（規定）PIMS固有の管理目的及び管理策（PII管理者）

A.7.2 収集及び処理の条件
- A.7.2.1 目的の特定及び文書化
- A.7.2.2 適法な根拠の特定
- A.7.2.3 いつどのように同意を得るかの決定
- A.7.2.4 同意の取得及び記録
- A.7.2.5 プライバシー影響評価
- A.7.2.6 PII処理者との契約
- A.7.2.7 共同PII管理者
- A.7.2.8 PIIの処理に関連する記録

A.7.3 PII主体に対する義務

A.7.4 プライバシー・バイ・デザイン及びプライバシー・バイ・デフォルト

A.7.5 PIIの共有、移転及び開示

第6章　ISO／IEC 27701の規格要求事項を理解する② 附属書Aの管理策

A.7.2.1 目的の特定及び文書化

A.7.2.1 目的の特定及び文書化は、自社で取り扱う、個人情報の利用目的（処理の目的）の明文化に関する管理策が規定されています。

▶▶ A.7.2.1 目的の特定及び文書化

A.7.2.1 目的の特定及び文書化は、PII（個人情報）を利用（処理）するための具体的な目的を特定し、文書化することを要求しています。

すなわち、自社で取り扱う、それぞれの**個人情報の利用目的（処理の目的）を明文化**することを求めています。

▶▶ 関連する日本の個人情報保護法

A.7.2.1 目的の特定及び文書化に関連する、**個人情報保護に関する法律**の条項は、**第15条　利用目的の特定**となります。

この第15条でも、「個人情報取扱事業者は、個人情報を取り扱うに当たっては、その利用の目的をできる限り特定しなければならない」と**個人情報の利用目的（処理の目的）**を特定することを求めています。

▶▶ A.7.2.1 目的の特定及び文書化に関する実施の手引き

箇条7 PII管理者のためのISO/IEC 27002の追加の手引では、**A.7.2.1 目的の特定及び文書化**について、以下のように補足しています。

- PII主体（本人）が自らのPII（個人情報）の利用目的（処理の目的）を理解することを確実にすることが望ましい
    - PII主体（本人）に対して、利用目的（処理の目的）を明確に文書化し、伝達することは、組織の責任である
    - 利用目的（処理の目的）を明確にしなければ、同意及び選択は適切に

　　　なされ得ない

- PII（個人情報）の利用目的（処理の目的）の文書化は、PII主体（本人）に提供する必要がある情報として、有用となるように十分に明確かつ詳細であることが望ましい

▶▶ A.7.2.1 目的の特定及び文書化の実現手段

　この管理策の実現方法としては、個人情報管理台帳のような文書に、自社で取り扱う、それぞれの**個人情報の利用目的（処理の目的）を明文化**することが期待されます。

　なお、この明文化は、次の管理策である**A.7.2.2 適法な根拠の特定**や**A.7.2.3 いつどのように同意を得るかの決定**に用いられ、また、**A.7.4.2 処理制限**に基づいて確立する目的外利用の手順にも用いられます。

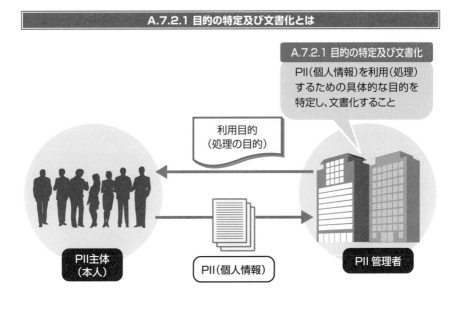

A.7.2.1 目的の特定及び文書化とは

A.7.2.1 目的の特定及び文書化
PII（個人情報）を利用（処理）するための具体的な目的を特定し、文書化すること

利用目的
（処理の目的）

PII主体
（本人）

PII（個人情報）

PII 管理者

6-4

A.7.2.2 適法な根拠の特定

A.7.2.2 **適法な根拠の特定**は、自社で取り扱う、個人情報の利用目的（処理の目的）の根拠の明文化に関する管理策が規定されています。

▶▶ A.7.2.2 適法な根拠の特定

A.7.2.2 **適法な根拠の特定**は、利用目的（処理の目的）のために、PII（個人情報）の利用（処理）に関連する適法な根拠を判断し、文書化し、順守することを要求しています。

すなわち、**A.7.2.1 目的の特定及び文書化**で特定した、自社で取り扱う、それぞれの個人情報の利用目的（処理の目的）の**根拠を明文化し、それを順守すること**を求めています。

▶▶ 関連する日本の個人情報保護法

A.7.2.2 **適法な根拠の特定**に関連する、**個人情報保護に関する法律**の条項は、**A.7.2.1 目的の特定及び文書化**と同様に**第15条　利用目的の特定**となります。

この第15条では、個人情報の利用目的（処理の目的）の根拠まで明らかにすることは求められていませんが、**A.7.2.1 目的の特定及び文書化**と合わせて、個人情報の利用目的（処理の目的）の特定に関する管理策となります。

▶▶ A.7.2.2 適法な根拠の特定に関する実施の手引き

箇条7 PII管理者のためのISO/IEC 27002の追加の手引では、**A.7.2.2 適法な根拠の特定**について、以下のように補足しています。

- PII（個人情報）の利用（処理）に関する法的な根拠は、次のものを含み得る
  - ▼ PII主体（本人）からの同意

- ▼ 契約の履行
- ▼ 法的義務の順守
- ▼ PII主体の生命に関わる利益の保護
- ▼ 公共の利益において行われる職務の遂行
- ▼ PII管理者の正当な利益

▶▶ A.7.2.2 適法な根拠の特定の実現手段

　この管理策の実現方法としては、**A.7.2.1 目的の特定及び文書化**に基づき作成された、個人情報管理台帳のような文書に、それぞれの個人情報の利用目的（処理の目的）の**根拠を明文化**することが期待されます。

　なお、この明文化も、次の管理策である**A.7.2.3 いつどのように同意を得るかの決定**に用いられ、また、**A.7.4.2 処理制限**に基づいて確立する目的外利用の手順にも用いられます。

A.7.2.2 適法な根拠の特定とは

A.7.2.2 適法な根拠の特定

利用目的（処理の目的）のために、PII（個人情報）の利用（処理）に関連する適法な根拠を判断し、文書化し、順守すること

利用目的
（処理の目的）

PII主体
（本人）

PII（個人情報）

PII 管理者

第6章 ISO／IEC 27701の規格要求事項を理解する② 附属書Aの管理策

6-5
A.7.2.3 いつどのように同意を得るかの決定

A.7.2.3 いつどのように同意を得るかの決定は、本人（PII主体）に利用目的を通知し、同意を得る手順の明文化に関する管理策が規定されています。

▶▶ A.7.2.3 いつどのように同意を得るかの決定

A.7.2.3 いつどのように同意を得るかの決定は、PII主体（本人）から、PII（個人情報）の利用（処理）について同意が得られたかどうか、いつ、また、どのように得られたかを、組織が実証できるプロセスを決定し、文書化することを要求しています。

すなわち、A.7.2.1 目的の特定及び文書化で特定した、個人情報の利用目的（処理の目的）を、PII主体（本人）に通知し、同意を得るための手順を確立することを求めています。

▶▶ 関連する日本の個人情報保護法

A.7.2.3 いつどのように同意を得るかの決定に関連する、個人情報保護に関する法律の条項は、第18条 取得に際しての利用目的の通知等となります。

この第18条の2項では、「個人情報取扱事業者は、本人との間で契約を締結することに伴って契約書その他の書面に記載された当該本人の個人情報を取得する場合その他本人から直接書面に記載された当該本人の個人情報を取得する場合は、あらかじめ、本人に対し、その利用目的を明示しなければならない。」としており、同意を得ることまでは直接的に言及していませんが、利用目的の明示が同意を得ることを意図しているため、関連する条項となります。

▶▶ A.7.2.3 いつどのように同意を得るかの決定に関する実施の手引き

箇条7 PII管理者のためのISO/IEC 27002の追加の手引では、A.7.2.3 いつどのように同意を得るかの決定について、以下のように補足しています。

- 他の適法な根拠が適用されない限り、PII（個人情報）の利用（処理）には同意が必要とされる可能性がある。
- どのような場合に同意を得る必要があるか、また、同意を得るための要求事項を明確に文書化することが望ましい
- PII（個人情報）の利用目的（処理の目的）の同意を得られるかどうか、また、どのように得られるかについての情報と関連付けることが役立ち得る

▶▶ A.7.2.3 いつどのように同意を得るかの決定の実現手段

　この管理策の実現方法としては、個人情報取扱規程のような文書に、**本人（PII主体）に利用目的を通知し、同意を得る手順を明文化する**ことが期待されます。

　なお、この明文化した手順は、次の管理策である**A.7.2.4 同意の取得及び記録**で用いられます。

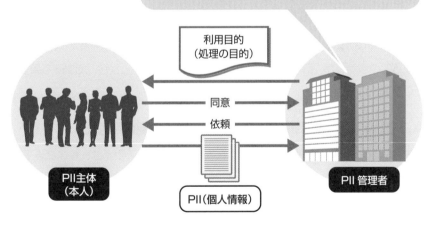

A.7.2.3 いつどのように同意を得るかの決定とは

A.7.2.3 いつどのように同意を得るかの決定

PII主体（本人）から、PII（個人情報）の利用（処理）について同意が得られたかどうか、いつ、また、どのように得られたかを、組織が実証できるプロセスを決定し、文書化すること

利用目的（処理の目的）

同意
依頼

PII主体（本人）

PII（個人情報）

PII 管理者

6-6

A.7.2.4 同意の取得及び記録

A.7.2.4 同意の取得及び記録は、A.7.2.3で確立した手順にしたがった、本人（PII主体）からの同意取得及び、その結果の記録に関する管理策が規定されています。

▶▶ A.7.2.4 同意の取得及び記録

A.7.2.4 同意の取得及び記録は、文書化したプロセスに従って、PII主体（本人）から同意を得て記録することを要求しています。

すなわち、**A.7.2.3 いつどのように同意を得るかの決定**で文書化した、PII主体（本人）に利用目的を通知し、同意を得る手順を用いて、PII主体（本人）から**同意を得て、その結果を記録すること**を求めています。

▶▶ 関連する日本の個人情報保護法

A.7.2.4 同意の取得及び記録に関連する、**個人情報保護に関する法律**の条項は、**A.7.2.3 いつどのように同意を得るかの決定**と同様に、**第18条 取得に際しての利用目的の通知等**となります。

この第18条の2項では、同意を得て、その結果を記録することまでは直接的に言及していませんが、同意を得るためのプロセスであることから、関連する条項となります。

▶▶ A.7.2.4 同意の取得及び記録に関する実施の手引き

箇条7 PII管理者のためのISO/IEC 27002の追加の手引では、A.7.2.4 同意の取得及び記録について、以下のように補足しています。

- 得られる同意の詳細を要求に応じて提供できる形で、PII主体（本人）から同意を得て記録することが望ましい
- 同意プロセスの前にPII主体（本人）に提供する情報については、**7.3.3 PII**

主体への情報提供の手引に従うことが望ましい。

- 同意は、次のとおりであることが望ましい
  - 自由に与えられる
  - 処理の目的に関して具体的である
  - 不明瞭でなく明示的である

▶▶ A.7.2.4 同意の取得及び記録の実現手段

　この管理策は、手順の確立ではなく、手順の実施に関するものなので、管理策の実現方法としては、**A.7.2.3 いつどのように同意を得るかの決定**と同じになります。

A.7.2.4 同意の取得及び記録定とは

A.7.2.4 同意の取得及び記録
A.7.2.3で確立したプロセスに従って、PII主体（本人）から同意を得て記録すること

利用目的（処理の目的）

同意の記録

同意
依頼

PII主体（本人）

PII（個人情報）

PII 管理者

A.7.2.5 プライバシー影響評価

A.7.2.5 プライバシー影響評価は、プライバシー影響評価の実施に関する管理策が規定されています。

▶▶ A.7.2.5 プライバシー影響評価

A.7.2.5 プライバシー影響評価は、新しいPII（個人情報）の利用（処理）が計画されている場合、又は既存のPII（個人情報）の利用（処理）の変更が計画されている場合は常に、プライバシー影響評価の必要性を評価し、適切な場合には、それを実施することを要求しています。

すなわち、新たなる個人情報の取り扱いや、既存の個人情報の取り扱いを変更する場合は、プライバシーへの著しい影響があるか否かを判断するために、**プライバシー影響評価を実施するか否かを判断し**、必要と判断された場合は、**プライバシー影響評価を実施すること**を求めています。

なお、プライバシー影響評価に関する詳細は、**ISO/IEC 29134:2017（情報技術－セキュリティ技術－プライバシー影響評価のためのガイドライン）**に規定されており、この規格は、2021年に**JIS X 9251:2021**としてJIS化されています。

▶▶ 関連する日本の個人情報保護法

A.7.2.5 プライバシー影響評価に関連する、**個人情報保護に関する法律**の条項は、間接的には、**第15条　利用目的の特定の2項**（「個人情報取扱事業者は、利用目的を変更する場合には、変更前の利用目的と関連性を有すると合理的に認められる範囲を超えて行ってはならない。」）が該当しますが、直接的に関連する条項はありません。

▶▶ A.7.2.5 プライバシー影響評価に関する実施の手引き

箇条7 PII管理者のためのISO/IEC 27002の追加の手引では、A.7.2.5 プライバシー影響評価について、以下のように補足しています。

- PII（個人情報）の利用（処理）は、PII主体（本人）に対してリスクを発生させる。これらのリスクを、プライバシー影響評価を通じて評価することが望ましい
- 判定基準は、PII主体（本人）に法的影響を及ぼす自動化された意思決定、PII（個人情報）の特別なカテゴリ（健康関連情報、人種的若しくは民族的な出自、政治的な意見、宗教上若しくは思想上の信条、又は労働組合の加入、遺伝子データ又は生体データなど）の大規模な処理や公衆がアクセス可能な場所で大規模に行われるシステムによる監視を含み得る。

▶▶ A.7.2.5 プライバシー影響評価の実現手段

この管理策の実現方法としては、個人情報取扱規程のような文書に、以下に関する手順を確立することが期待されます。

- プライバシー影響評価を実施するか否かの明確な判断基準
- プライバシー影響評価の実施手順

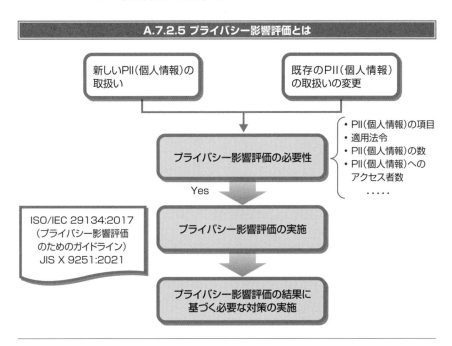

A.7.2.5 プライバシー影響評価とは

```
新しいPII(個人情報)の          既存のPII(個人情報)
取扱い                        の取扱いの変更
```

- PII(個人情報)の項目
- 適用法令
- PII(個人情報)の数
- PII(個人情報)への
  アクセス者数
  ‥‥‥

プライバシー影響評価の必要性

Yes

ISO/IEC 29134:2017
（プライバシー影響評価
のためのガイドライン）
JIS X 9251:2021

プライバシー影響評価の実施

**プライバシー影響評価の結果に
基づく必要な対策の実施**

A.7.2.6 PII処理者との契約

A.7.2.6 PII処理者との契約は、個人情報の処理を委託する、委託先との契約に関する管理策が規定されています。

▶▶ A.7.2.6 PII処理者との契約

A.7.2.6 PII処理者との契約は、組織が利用するPII処理者と書面で契約すること、PII処理者との自らの契約がISO/IEC 27701:2019の附属書Bの適切な管理策の実施に確実に対処することを要求しています。

すなわち、PII（個人情報）の処理を委託する委託先と、ISO/IEC 27701:2019の附属書B（規定）PIMS固有の管理目的及び管理策（PII処理者）に規定された**管理策を実施することを求めた契約を締結すること**を求めています。

▶▶ 関連する日本の個人情報保護法

A.7.2.6 PII処理者との契約に関連する、**個人情報保護に関する法律**の条項は、**第21条 委託先の監督**が該当します。

この第21条でも、「個人情報取扱事業者は、個人データの取扱いの全部又は一部を委託する場合は、その取扱いを委託された個人データの安全管理が図られるよう、委託を受けた者に対する必要かつ適切な監督を行わなければならない。」としており、この条項を順守するための**個人情報の保護に関する法律についてのガイドライン（通則編）**において、委託先の監督の一つとして、適切な委託契約の締結が含まれています。

▶▶ A.7.2.6 PII処理者との契約に関する実施の手引き

箇条7 PII管理者のためのISO/IEC 27002の追加の手引では、A.7.2.6 PII処理者との契約について、以下のように補足しています。

- 組織とPII処理者との間の契約は、情報セキュリティリスクアセスメントの プロセス、及びPII処理者が実施するPIIの処理の範囲を考慮に入れ、附属書 Bの適切な管理策をPII処理者が実施することを要求することが望ましい
- デフォルトで附属書Bの全ての管理策が関連することを前提とすることが望 ましい
- 附属書Bの管理策の実施を組織がPII処理者に要求しないことを決定した場 合は、その除外の正当性の理由を示すことが望ましい

▶▶ A.7.2.6 PII処理者との契約の実現手段

この管理策の実現方法としては、委託先管理規程のような文書に、以下に関す る手順を確立することが期待されます。

- 個人情報の処理に関する委託契約に含む契約内容
- 個人情報の処理に関する委託契約の締結に関する手順

A.7.2.6 PII処理者との契約とは

PII 管理者

PII 処理者

評価・選定基準の決定

評価の実施

NG↓不採用

評価結果

契約

OK

ISO/IEC 27701:2019の附属書Bの 適切な管理策の実施に関する事項

A.7.2.7 共同PII管理者

A.7.2.7 共同PII管理者は、個人情報を共同利用（処理）する、共同利用者との役割や責任に関する管理策が規定されています。

▶▶ A.7.2.7 共同PII管理者

A.7.2.7 共同PII管理者は、共同PII管理者と共に、PIIの利用（処理（PII保護及びセキュリティ要求事項を含む））に対する、それぞれの役割及び責任を決定することを要求しています。すなわち、PII（個人情報）を共同利用する組織との、PII（個人情報）の利用（処理）、PII（個人情報）の保護やセキュリティ要求事項に対する、**役割や責任を明確にすること**を求めています。

▶▶ 関連する日本の個人情報保護法

A.7.2.7 共同PII管理者に関連する、**個人情報保護に関する法律**の条項は、間接的には、**第23条 第三者提供の制限の5項の三**（「特定の者との間で共同して利用される個人データが当該特定の者に提供される場合であって、その旨並びに共同して利用される個人データの項目、共同して利用する者の範囲、利用する者の利用目的及び当該個人データの管理について責任を有する者の氏名又は名称について、あらかじめ、本人に通知し、又は本人が容易に知り得る状態に置いているときは、第三者提供に該当しない」）が該当しますが、直接的に関連する条項はありません。

▶▶ A.7.2.7 共同PII管理者に関する実施の手引き

箇条7 PII管理者のためのISO/IEC 27002の追加の手引では、**A.7.2.7 共同PII管理者**について、以下のように補足しています。

- PII（個人情報）の利用（処理）の役割及び責任を、透明性のあるやり方で決定することが望ましい

- これらの役割及び責任を、契約で、又はPII（個人情報）の共同処理の内容・条件を含む契約と同様に拘束力のある文書で、文書化することが望ましい
  - 法域によっては、こうした合意はデータ共有合意と呼ばれている

あわせて、この手引きには、共同PII管理者との合意文書に含むことが望ましい項目が規定されています。

▶▶ A.7.2.7 共同PII管理者の実現手段

この管理策の実現方法としては、個人情報取扱規程のような文書に、以下に関する手順を確立することが期待されます。

- 個人情報の共同利用に関する合意文書の内容
- 個人情報の共同利用者との合意に関する手順

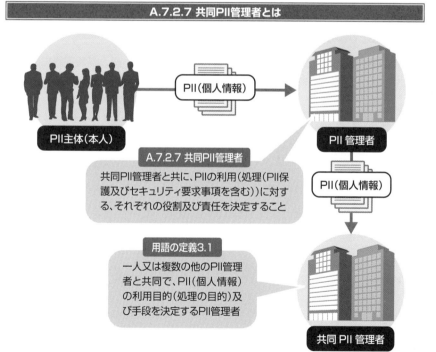

A.7.2.7 共同PII管理者とは

PII（個人情報）

PII主体（本人）

PII 管理者

PII（個人情報）

A.7.2.7 共同PII管理者
共同PII管理者と共に、PIIの利用（処理（PII保護及びセキュリティ要求事項を含む））に対する、それぞれの役割及び責任を決定すること

用語の定義3.1
一人又は複数の他のPII管理者と共同で、PII（個人情報）の利用目的（処理の目的）及び手段を決定するPII管理者

共同 PII 管理者

6-10
A.7.2.8 PIIの処理に関連する記録

A.7.2.8 PIIの処理に関連する記録は、個人情報の利用（処理）に関する記録の作成と保持に関する管理策が規定されています。

▶▶ A.7.2.8 PIIの処理に関連する記録

A.7.2.8 PIIの処理に関連する記録は、PII（個人情報）の利用（処理）に関する自らの義務履行の助けとなる必要な記録を決定し、安全に維持することを要求しています。

すなわち、PII（個人情報）の利用（処理）に関連する、作成すべき**記録を明確にし、保持すること**を求めています。

▶▶ 関連する日本の個人情報保護法

A.7.2.8 PIIの処理に関連する記録に直接的に関連する、**個人情報保護に関する法律**の条項はありませんが、以下の条項は、記録の作成及び保持を求めています。

- 第25条 第三者提供に係る記録の作成等
- 第26条 第三者提供を受ける際の確認等

▶▶ A.7.2.8 PIIの処理に関連する記録に関する実施の手引き

箇条7 PII管理者のためのISO/IEC 27002の追加の手引では、A.7.2.8 PIIの**処理に関連する記録**について、以下のように補足しています。

- PII（個人情報）の利用や提供（処理）の記録を維持する一つの方法は、組織が実施するPII（個人情報）の処理活動の目録又はリストを備えることである。こうした目録は、次のものを含み得る
  - ▼ 処理の種類

▼ 処理の目的
▼ PII（個人情報）及びPII主体（本人）のカテゴリの説明（例えば、子供）
▼ PII（個人情報）が開示された又は開示される、第三国にある取得者又は国際的な組織を含む、取得者のカテゴリ
▼ 技術的及び組織的なセキュリティ対策の概括的な説明
▼ プライバシー影響評価報告書

■ こうした目録は、その正確さ及び完全性について責任を負う所有者が存在することが望ましい

▶▶ A.7.2.8 PIIの処理に関連する記録の実現方法

この管理策の実現方法としては、個人情報管理台帳のような文書に、各個人情報で**実施される処理及び必要とする記録を明文化**することが期待されます。

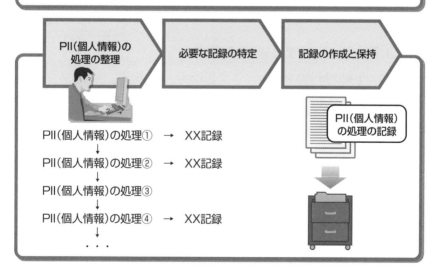

A.7.2.8 PIIの処理に関連する記録とは

PII(個人情報)の利用(処理)に関する自らの義務履行の助けとなる必要な記録を決定し、安全に維持すること

PII(個人情報)の処理の整理　→　必要な記録の特定　→　記録の作成と保持

PII(個人情報)の処理①　→　XX記録
↓
PII(個人情報)の処理②　→　XX記録
↓
PII(個人情報)の処理③
↓
PII(個人情報)の処理④　→　XX記録
↓
・・・

PII(個人情報)の処理の記録

A.7.3 PII主体に対する義務

A.7.3 PII主体に対する義務は、個人情報の本人の権利の確保などに関する管理目的及び管理策が規定されています。

▶▶ A.7.3 PII主体に対する義務の概要

A.7.3 PII主体に対する義務の管理目的では、PII主体（本人）に、自らのPII（個人情報）の利用（処理）について適切な情報が確実に提供されること、及びPII（個人情報）の利用（処理）に関係があるPII主体（本人）に適用される、その他の義務を果たすこととしており、PII主体（本人）に対する義務、PII主体（本人）に提供する情報、自社及びPII（個人情報）の利用（処理）について説明する情報、同意の変更／撤回、異議申し立て、PII主体（本人）によるPII（個人情報）へのアクセス、共同利用者への通知、PII主体（本人）へのPII（個人情報）の複製の提供、PII主体（本人）からの要請、PII（個人情報）の自動化された処理に関する管理策が規定されています。

▶▶ A.7.3 PII主体に対する義務の構成

A.7.3 PII主体に対する義務は、A.7.3.1 PII主体に対する義務の決定及び履行、A.7.3.2 PII主体のための情報の決定、A.7.3.3 PII主体への情報提供、A.7.3.4 同意を変更又は撤回するための仕組みの提供、A.7.3.5 PIIの処理に対する異議申し立ての仕組みの提供、A.7.3.6 アクセス、修正及び/又は消去、A.7.3.7 第三者に通知するPII管理者の義務、A.7.3.8 処理されるPIIの複製の提供、A.7.3.9 要請の処理、A.7.3.10 自動化された意思決定の10の管理策で構成されています。

▶▶ 関連する日本の個人情報保護法

A.7.3 PII主体に対する義務に、直接的または間接的に関連する、個人情報保護に関する法律の条項は、以下のとおりとなります。

- 第18条 取得に際しての利用目的の通知等
- 第23条 第三者提供の制限
- 第27条 保有個人データに関する事項の公表等
- 第28条 開示
- 第29条 訂正等
- 第30条 利用停止等
- 第31条 理由の説明
- 第32条 開示等の請求等に応じる手続
- 第33条 手数料
- 第35条 個人情報取扱事業者による苦情の処理

A.7.3 PII主体に対する義務とは

個人情報の本人の権利の確保などに
関する管理目的及び管理策を規定

附属書A（規定）PIMS固有の管理目的及び管理策（PII管理者）

- A.7.2 収集及び処理の条件
- A.7.3 PII主体に対する義務
  - A.7.3.1 PII主体に対する義務の決定及び履行
  - A.7.3.2 PII主体のための情報の決定
  - A.7.3.3 PII主体への情報提供
  - A.7.3.4 同意を変更又は撤回するための仕組みの提供
  - A.7.3.5 PIIの処理に対する異議申し立ての仕組みの提供
  - A.7.3.6 アクセス、修正及び/又は消去
  - A.7.3.7 第三者に通知するPII管理者の義務
  - A.7.3.8 処理されるPIIの複製の提供
  - A.7.3.9 要請の処理
  - A.7.3.10 自動化された意思決定
- A.7.4 プライバシー・バイ・デザイン及びプライバシー・バイ・デフォルト
- A.7.5 PIIの共有、移転及び開示

A.7.3.1 PII主体に対する義務の決定及び履行

A.7.3.1 PII主体に対する義務の決定及び履行は、PII主体（本人）に対する、組織の義務の明確化及びその実施に関する管理策が規定されています。

▶▶ A.7.3.1 PII主体に対する義務の決定及び履行

A.7.3.1 PII主体に対する義務の決定及び履行は、PII主体（本人）に対する彼らのPII（個人情報）の利用（処理）に関連した法的、規制及びビジネス上の組織の義務を決定し、文書化し、これらの義務を果たす手段を提供することを要求しています。

すなわち、PII（個人情報）の取扱いに関する、PII主体（本人）の権利の確保を確実にするために、組織の**義務を明確にし、それを実現するための手順を確立すること**を求めています。

▶▶ 関連する日本の個人情報保護法

A.7.3.1 PII主体に対する義務の決定及び履行に関連する、**個人情報保護に関する法律**の条項は、以下の条項が該当します。

- 第27条 保有個人データに関する事項の公表等
- 第28条 開示
- 第29条 訂正等
- 第30条 利用停止等
- 第35条 個人情報取扱事業者による苦情の処理

▶▶ A.7.3.1 PII主体に対する義務の決定及び履行に関する実施の手引き

箇条7 PII管理者のためのISO/IEC 27002の追加の手引では、A.7.3.1 PII主体に対する義務の決定及び履行について、以下のように補足しています。

- PII主体に対する義務及び彼らを支援する手段は、法域によって変化する
- アクセス可能かつ時機を失せずに、PII主体（本人）に対する義務を果たすための適切な手段を確実に提供することが望ましい
- PII主体（本人）には、彼らに対する義務を、どのように、どの程度果たすかを記載した明確な文書を、PII主体（本人）が自らの要請を組織に伝えることができる最新の連絡先と共に、提供することが望ましい
- 連絡先は、PII（個人情報）及び同意を収集するために使用するものと同様の方法で提供することが望ましい

A.7.3.1 PII主体に対する義務の決定及び履行の実現方法

　この管理策の内、法的な義務に関する実現方法としては、**個人情報保護に関する法律**で規定される本人に対する法的義務である、**開示、訂正等、利用停止等、苦情対応の手順を、個人情報開示規程のような文書に明文化**し、それらの**受付窓口をホームページ等で公開する**ことが期待されます。

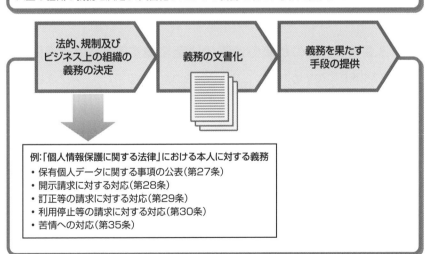

A.7.3.1 PII主体に対する義務の決定及び履行とは

PII主体(本人)に対する彼らのPII(個人情報)の利用(処理)に関連した法的、規制及びビジネス上の組織の義務を決定し、文書化し、これらの義務を果たす手段を提供すること

法的、規制及びビジネス上の組織の義務の決定　→　義務の文書化　→　義務を果たす手段の提供

例:「個人情報保護に関する法律」における本人に対する義務
- 保有個人データに関する事項の公表（第27条）
- 開示請求に対する対応（第28条）
- 訂正等の請求に対する対応（第29条）
- 利用停止等の請求に対する対応（第30条）
- 苦情への対応（第35条）

6-13
A.7.3.2 PII主体のための情報の決定

A.7.3.2 PII主体のための情報の決定は、PII主体（本人）に提供する必要な情報及び提供のタイミングの明確化に関する管理策が規定されています。

▶▶ A.7.3.2 PII主体のための情報の決定

A.7.3.2 PII主体のための情報の決定は、PII（個人情報）の利用（処理）に関して、PII主体（本人）に提供する情報及びそうした情報提供のタイミングに関して決定し、文書化することを要求しています。

すなわち、PII（個人情報）に関する、PII主体（本人）に、**提供する必要な情報及び提供のタイミングを明確にするための手順を文書化すること**を求めています。

▶▶ 関連する日本の個人情報保護法

A.7.3.2 PII主体のための情報の決定に関連する、**個人情報保護に関する法律**の条項は、第18条 取得に際しての利用目的の通知等、第27条 保有個人データに関する事項の公表等、第35条 個人情報取扱事業者による苦情の処理が該当します。

▶▶ A.7.3.2 PII主体のための情報の決定に関する実施の手引き

箇条7 PII管理者のためのISO/IEC 27002の追加の手引では、**A.7.3.2 PII主体のための情報の決定**における、PII主体に提供し得る情報の種類の例として、①利用目的（処理の目的）についての情報、②PII管理者又はその代理人の連絡先の詳細、③利用（処理）の適法な根拠についての情報、④PII主体（本人）から直接取得したものでない場合の、PII（個人情報）をどこで得たかに関する情報、⑤PII（個人情報）の提供が規制上又は契約上の要求事項であるかの情報、⑥該当する場合には、PII（個人情報）を提供しない場合に起きる可能性がある結果についての情報、⑦7.3.1で決定されるPII主体（本人）に対する義務及びPII主体（本人）がそこからどのように恩恵を得ることができるか、特に彼らのPII（個人情報）へのアクセス、

変更、修正、消去要請、PII（個人情報）のコピーの受領及び利用（処理）に対する異議申し立てに関する情報、⑧PII主体が同意をどのように撤回できるかに関する情報、⑨PII（個人情報）の移転についての情報、⑩PII（個人情報）の受領者又は受領者のカテゴリについての情報、⑪PII（個人情報）を保持する期間についての情報、⑫PII（個人情報）の自動処理に基づく自動的な意思決定の利用についての情報、⑬苦情を申し立てる権利及びそうした苦情をどのように申し立てるかについての情報、⑭情報を提供する頻度に関する情報をあげています。

▶▶ A.7.3.2 PII主体のための情報の決定の実現方法

　この管理策の実現方法としては、以下を含む必要な窓口の公開や通知手順（方法とタイミングを含む）を確立することが期待されます。

- ■ プライバシーポリシー
- ■ 個人情報の利用目的の通知
- ■ 個人情報の開示等の受付窓口
- ■ 個人情報の取り扱いに関する苦情や相談窓口

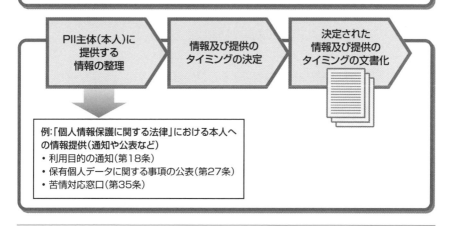

A.7.3.2 PII主体のための情報の決定とは

PII（個人情報）の利用（処理）に関して、PII主体（本人）に提供する情報及びそうした情報提供のタイミングに関して決定し、文書化すること

PII主体（本人）に提供する情報の整理　→　情報及び提供のタイミングの決定　→　決定された情報及び提供のタイミングの文書化

例：「個人情報保護に関する法律」における本人への情報提供（通知や公表など）
- 利用目的の通知（第18条）
- 保有個人データに関する事項の公表（第27条）
- 苦情対応窓口（第35条）

A.7.3.3 PII主体への情報提供

A.7.3.3 PII主体への情報提供は、A.7.3.2で確立した手順にしたがった、情報提供の実施に関する管理策が規定されています。

▶▶ A.7.3.3 PII主体への情報提供

A.7.3.3 PII主体への情報提供は、PII管理者を特定する情報及びPII（個人情報）の利用（処理）について説明する情報を、PII主体（本人）に明確かつ容易にアクセス可能な方法で提供することを要求しています。

すなわち、**A.7.3.2 PII主体のための情報の決定**で確立した手順にしたがって、PII主体（本人）に、**必要な情報（PII管理者としての組織の情報を含む）を提供すること**を求めています。

▶▶ 関連する日本の個人情報保護法

A.7.3.3 PII主体への情報提供に関連する、**個人情報保護に関する法律**の条項は、**A.7.3.2 PII主体のための情報の決定**と同様に、PII主体（本人）への情報公開や通知に関する以下の条項が該当します。

- 第18条 取得に際しての利用目的の通知等
- 第27条 保有個人データに関する事項の公表等
- 第35条 個人情報取扱事業者による苦情の処理

▶▶ A.7.3.3 PII主体への情報提供に関する実施の手引き

箇条7 PII管理者のためのISO/IEC 27002の追加の手引では、**A.7.3.3 PII主体への情報提供**について、以下のように補足しています。

- 対象となる人々に適した明確かつ平易な言葉を使用し、時機を失せずに、

簡潔、完全、透明性があり理解しやすく、容易にアクセス可能な形式で、**7.3.2 PII主体のための情報の決定**に詳述する情報を、PII主体（本人）に提供することが望ましい

- 適切な場合には、PII（個人情報）の収集時点で情報を提供することが望ましい
- 情報は、恒常的にアクセス可能であることも望ましい

▶▶ A.7.3.3 PII主体への情報提供の実現方法

　この管理策は、手順の確立ではなく、手順の実施に関するものなので、管理策の実現方法としては、**A.7.3.2 PII主体のための情報の決定**と同様に、プライバシーポリシーの公開やPII（個人情報）の利用目的（処理の目的）の通知、個人情報の開示等の受付窓口や個人情報の取り扱いに関する苦情や相談窓口などに関する、必要な公開手順や通知手順（方法とタイミングを含む）の確立となります。

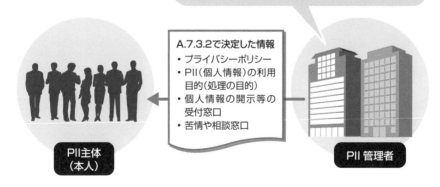

A.7.3.3 PII主体への情報提供とは

A.7.3.3 PII主体への情報提供

PII管理者を特定する情報及びPII（個人情報）の利用（処理）について説明する情報を、PII主体（本人）に明確かつ容易にアクセス可能な方法で提供すること

A.7.3.2で決定した情報
- プライバシーポリシー
- PII（個人情報）の利用目的（処理の目的）
- 個人情報の開示等の受付窓口
- 苦情や相談窓口

PII主体（本人）

PII管理者

第6章　ISO／IEC 27701の規格要求事項を理解する② 附属書Aの管理策

A.7.3.4 同意を変更又は撤回するための仕組みの提供

A.7.3.4 同意を変更又は撤回するための仕組みの提供は、PII主体（本人）からの同意の変更又は撤回の要請への対処に関する管理策が規定されています。

▶▶ A.7.3.4 同意を変更又は撤回するための仕組みの提供

A.7.3.4 同意を変更又は撤回するための仕組みの提供は、PII主体（本人）が同意を変更又は撤回するための仕組みを提供することを要求しています。

すなわち、PII主体（本人）からのPII（個人情報）の利用停止（処理の停止）又は利用範囲等（処理の範囲等）の変更に関する要請に対処するための手順を確立することを求めています。

▶▶ 関連する日本の個人情報保護法

A.7.3.4 同意を変更又は撤回するための仕組みの提供に関連する、個人情報保護に関する法律の条項は、PII主体（本人）からの利用停止や訂正・削除などの要請に対応する、以下の条項が該当します。

- 第29条 訂正等
- 第30条 利用停止等

▶▶ A.7.3.4 同意を変更又は撤回するための仕組みの提供に関する実施の手引き

箇条7 PII管理者のためのISO/IEC 27002の追加の手引では、A.7.3.4 同意を変更又は撤回するための仕組みの提供について、以下のように補足しています。

- PII主体（本人）にいつでも同意を撤回する権利があることを知らせると共に、撤回するための仕組みを提供することが望ましい

- 撤回に使用する仕組みは、システムによって異なる。これは可能な場合には、同意を得るために使用する仕組みと一貫性があることが望ましい
- 同意の変更は、PII（個人情報）の処理の制限を含む可能性があり、これは場合によっては、PII管理者によるPIIの削除を制限する場合がある。
- 法域によっては、PII主体（本人）が、いつ、どのように自らの同意を変更又は撤回できるかに関して制限を課している
- 同意そのものの記録と同様のやり方で、同意の撤回又は変更要請を記録することが望ましい
- 同意のいかなる変更も、適切なシステムを通じて、認可された利用者及び関連する第三者に連絡することが望ましい。
- 応答時間を定め、それに従って要請を取り扱うことが望ましい

▶▶ A.7.3.4 同意を変更又は撤回するための仕組みの提供の実現方法

この管理策の実現方法としては、**A.7.3.1 PII主体に対する義務の決定及び履行**の実現方法と同様に、**訂正等、利用停止等の手順を、個人情報開示規程のような文書に明文化する**ことが期待されます。

A.7.3.4 同意を変更又は撤回するための仕組みの提供とは

A.7.3.4 同意を変更又は撤回するための仕組みの提供
PII主体（本人）が同意を変更又は撤回するための仕組みを提供すること

同意を変更又は撤回

PII主体
（本人）

PII 管理者

「個人情報保護に関する法律」の関連条項
・訂正等の請求に対する対応（第29条）
・利用停止等の請求に対する対応（第30条）

第6章 ISO／IEC 27701の規格要求事項を理解する② 附属書Aの管理策

A.7.3.5 PIIの処理に対する異議申し立ての仕組みの提供

A.7.3.5 PIIの処理に対する異議申し立ての仕組みの提供は、PII主体（本人）からの苦情や異議申し立てへの対処に関する管理策が規定されています。

▶▶ A.7.3.5 PIIの処理に対する異議申し立ての仕組みの提供

A.7.3.5 PIIの処理に対する異議申し立ての仕組みの提供は、PII主体（本人）が自らのPII（個人情報）の利用（処理）に対して、異議を申し立てる仕組みを提供することを要求しています。

すなわち、PII主体（本人）からの苦情や異議申し立てを受付し、**対応するための手順を確立すること**、及びその**窓口をPII主体（本人）に通知又は公開すること**を求めています。

▶▶ 関連する日本の個人情報保護法

A.7.3.5 PIIの処理に対する異議申し立ての仕組みの提供に関連する、**個人情報保護に関する法律の条項**は、**第35 条個人情報取扱事業者による苦情の処理**となります。この第35条でも、「1 個人情報取扱事業者は、個人情報の取扱いに関する苦情の適切かつ迅速な処理に努めなければならない。2 個人情報取扱事業者は、1項の目的を達成するために必要な体制の整備に努めなければならない。」と**苦情対応の仕組みを整備**することを求めています。

▶▶ A.7.3.5 PIIの処理に対する異議申し立ての仕組みの提供に関する実施の手引き

箇条7 PII管理者のためのISO/IEC 27002の追加の手引では、**A.7.3.5 PIIの処理に対する異議申し立ての仕組みの提供**について、以下のように補足しています。

- 法域によっては、PII主体（本人）に、自らのPII（個人情報）の利用（処理）

に異議を申し立てる権利を与えている。こうした法域の法令及び/又は規制の対象となる組織は、PII主体（本人）がこの権利を行使できるようにする、適切な対策を確実に実施することが望ましい

- 利用（処理）に対するPII主体（本人）の異議申し立てに関連する法令及び規制上の要求事項を文書化することが望ましい
- こうした状況で異議申し立てをすることができることをPII主体（本人）に情報提供することが望ましい
- 異議申し立ての仕組みは多様であり得るが、提供されるサービスの種類と一貫性があることが望ましい

▶▶ A.7.3.5 PIIの処理に対する異議申し立ての仕組みの提供の実現方法

　この管理策の実現方法としては、個人情報取扱規程のような文書に、以下に関する手順を確立することが期待されます。

- 個人情報の取り扱いに関する苦情の受付及び対応手順
- 個人情報の取り扱いに関する苦情の受付窓口の通知又は公開手順

A.7.3.5 PIIの処理に対する異議申し立ての仕組みの提供とは

A.7.3.5 PIIの処理に対する異議申し立ての仕組みの提供
PII主体(本人)が自らのPII(個人情報)の利用(処理)に対して、異議を申し立てる仕組みを提供すること

異議申し立て

PII主体
（本人）

「個人情報保護に関する法律」の関連条項
・第35 条個人情報取扱事業者による苦情の処理

PII 管理者

6-17
A.7.3.6 アクセス、修正及び/又は消去

A.7.3.6 アクセス、修正及び/又は消去は、PII主体（本人）による自己のPII（個人情報）の修正や消去に関する管理策が規定されています。

▶▶ A.7.3.6 アクセス、修正及び/又は消去

A.7.3.6 アクセス、修正及び/又は消去は、PII主体（本人）が、自らのPII（個人情報）にアクセスし、それを修正及び/又は消去することに対する組織の義務を果たすための方針、手順及び/又は仕組みを実施することを要求しています。

すなわち、PII主体（本人）が直接、自己のPII（個人情報）を修正、削除（消去）することを可能にする機能を提供するか、組織がPII主体（本人）に代わって、それらを実施するかの**方針を決めること**、及び**その方針に従った手順を確立し、実施すること**を求めています。

▶▶ 関連する日本の個人情報保護法

A.7.3.6 アクセス、修正及び/又は消去に関連する、**個人情報保護に関する法律**の条項は、**第29条 訂正等**となりますが、**個人情報保護に関する法律**では、自己のPII（個人情報）に誤りがある場合で、訂正等を求められた場合は、個人情報取扱事業者が訂正等を行うことを求めているため、この条項は、直接的には関連しません。

▶▶ A.7.3.6 アクセス、修正及び/又は消去に関する実施の手引き

箇条7 PII管理者のためのISO/IEC 27002の追加の手引では、**A.7.3.6 アクセス、修正及び/又は消去**について、以下のように補足しています。

- 要請された場合には過度の遅滞なく、PII主体（本人）が自らのPII（個人情報）にアクセスし、それを修正及び消去できるようにするための方針、手順及

び/又は仕組みを実施することが望ましい

- 応答時間を定め、それに従って要請を取り扱うことが望ましい。
- データの正確さ又は修正について、PII主体（本人）に異議がある場合に使用する方針、手順及び／又は仕組みを実施することが望ましい
- これらの方針、手順及び／又は仕組みは、どのような修正がなされたか、また、なぜ修正が行えないかをPII主体（本人）に通知することを含むことが望ましい

▶▶ A.7.3.6 アクセス、修正及び/又は消去の実現方法

　この管理策の実現方法としては、個人情報取扱規程のような文書に、以下に関する手順を確立することが期待されます。

- PII主体（本人）によるアクセス（修正・削除）を許可するか否かの方針
- 方針に従った、修正・削除のアクセス権／機能の提供、又は自社で修正・削除を代行するための手順や窓口

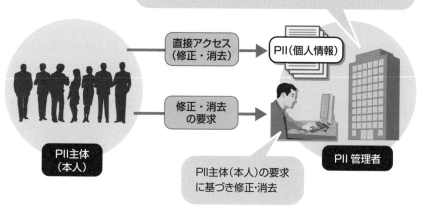

A.7.3.6 アクセス、修正及び/又は消去とは

A.7.3.6 アクセス、修正及び／又は消去

PII主体(本人)が、自らのPII(個人情報)にアクセスし、それを修正及び／又は消去することに対する組織の義務を果たすための方針、手順及び／又は仕組みを実施すること

直接アクセス（修正・消去）→ PII(個人情報)

修正・消去の要求

PII主体（本人）

PII主体(本人)の要求に基づき修正・消去

PII 管理者

6-18
A.7.3.7 第三者に通知するPII 管理者の義務

A.7.3.7 第三者に通知するPII管理者の義務は、PII（個人情報）の共同利用者 への通知や要請に関する管理策が規定されています。

▶▶ A.7.3.7 第三者に通知するPII管理者の義務

A.7.3.7 第三者に通知するPII管理者の義務は、共有しているPII（個人情報） に関する同意の変更、撤回又はPII（個人情報）の処理に対する異議について、PII （個人情報）を共有している第三者に通知すると共に、適切な方針、手順及び／又 はそれを行うための仕組みを実施することを要求しています。

すなわち、この管理策は、**A.7.3.4 同意を変更又は撤回するための仕組みの提 供とA.7.3.5 PIIの処理に対する異議申し立ての仕組みの提供**に関連しており、PII 主体（本人）から受けた、PII（個人情報）の利用停止（処理の停止）又は利用範 囲等（処理の範囲等）の変更と苦情や異議申し立てに関する情報について、**共同 利用者への利用停止等の通知手順の確立、共同利用者に対する方針の確立、方針 にしたがった共同利用者への利用停止や削除依頼などの手順の確立を行い、実施 すること**を求めています。

▶▶ 関連する日本の個人情報保護法

A.7.3.7 第三者に通知するPII管理者の義務に関連する、**個人情報保護に関する 法律**の条項は、ありません。

▶▶ A.7.3.7 第三者に通知するPII管理者の義務に関する実施の手引き

箇条7 PII管理者のためのISO/IEC 27002の追加の手引では、**A.7.3.7 第三 者に通知するPII管理者の義務**について、以下のように補足しています。

- 同意の何らかの変更若しくは撤回、又は共有しているPII（個人情報）に関

する異議を第三者に通知する適切な措置を、利用可能な技術を念頭に置いて実施することが望ましい

- 法域によっては、これらの措置を、これらの第三者に通知するための法的要求事項を課している
- 第三者に通知する場合、情報の受け取り手による確認を監視することが望ましい

A.7.3.7 第三者に通知するPII管理者の義務の実現方法

この管理策の実現方法としては、個人情報取扱規程のような文書に、PII（個人情報）の共同利用における、以下に関する手順を確立することが期待されます。

- 共同利用者への異議申し立てや利用停止等の通知手順
- 共同利用者に対する方針
- 方針にしたがった共同利用者への利用停止や削除依頼などの手順

A.7.3.7 第三者に通知するPII管理者の義務とは

6-19
A.7.3.8 処理されるPIIの複製
の提供

A.7.3.8 処理されるPIIの複製の提供は、PII主体（本人）からの自己のPII（個人情報）の複写の提供要請への対処に関する管理策が規定されています。

▶▶ A.7.3.8 処理されるPIIの複製の提供

A.7.3.8 処理されるPIIの複製の提供は、PII主体（本人）から要請された場合は、利用（処理）されるPII（個人情報）の複製を提供することを要求しています。

すなわち、この管理策は、PII主体（本人）から、組織が利用（処理）している、自己のPII（個人情報）の複製を提供することを求められた場合の手順を確立し、実施することを求めています。

▶▶ 関連する日本の個人情報保護法

A.7.3.8 処理されるPIIの複製の提供に関連する、個人情報保護に関する法律の条項は、この複製の要求が、開示を意図していると解釈した場合は、第28条　開示が該当します。

この第28条では、「2　個人情報取扱事業者は、1項の規定による請求を受けたときは、本人に対し、政令で定める方法により、遅滞なく、当該保有個人データを開示しなければならない」としています。

▶▶ A.7.3.8 処理されるPIIの複製の提供に関する実施の手引き

箇条7 PII管理者のためのISO/IEC 27002の追加の手引では、A.7.3.8 処理されるPIIの複製の提供について、以下のように補足しています。

- 構造化され、一般的に使われている、PII主体（本人）がアクセス可能な形式で、処理されるPII（個人情報）の複製を提供することが望ましい
- PII主体（本人）又は受け取り手であるPII管理者に移行が可能な形式で利用

（処理）されるPII（個人情報）の複製を提供することが望ましい場合を、法域によっては定義している

- PII主体（本人）に提供するPII（個人情報）の複製が、そのPII主体（本人）と明確に関連したものであることを確実にすることが望ましい
- 要請されたPII（個人情報）が保持及び処分方針に従って既に削除されている場合は、要請されたPII（個人情報）が削除されたことをPII主体（本人）に通知することが望ましい
- PII主体をもはや特定できなくなった場合は、この管理策を実施するという理由だけで、そのPII主体（本人）を（再）識別しようとしないことが望ましい

▶▶ A.7.3.8 処理されるPIIの複製の提供の実現方法

この管理策の実現方法としては、個人情報開示規程のような文書に、以下に関する手順を確立することが期待されます。

- PII（個人情報）の開示手順（PII（個人情報）のコピーの提供手順）
- PII（個人情報）の開示窓口及び手続の方法

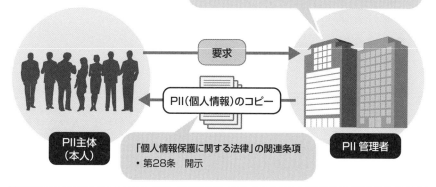

A.7.3.8 処理されるPIIの複製の提供とは

A.7.3.8 処理されるPIIの複製の提供
PII主体（本人）から要請された場合は、利用（処理）されるPII（個人情報）の複製を提供すること

要求

PII（個人情報）のコピー

PII主体
（本人）

「個人情報保護に関する法律」の関連条項
・第28条　開示

PII 管理者

A.7.3.9 要請の処理

A.7.3.9 要請の処理は、PII主体（本人）からの正当な要請の対処に関する管理策が規定されています。

▶▶ A.7.3.9 要請の処理

A.7.3.9 要請の処理は、PII主体（本人）からの正当な要請を取扱い、対応するための方針及び手順を定め文書化することを要求しています。

すなわち、この管理策は、**A.7.3.8 処理されるPIIの複製の提供**に基づく、PII（個人情報）の複写の提供などの、PII主体（本人）からの**要請に対応するための方針や手順を確立すること**を求めています。

▶▶ 関連する日本の個人情報保護法

A.7.3.9 要請の処理に関連する、**個人情報保護に関する法律**の条項は、以下の条項が該当します。

- 第28条 開示
- 第29条 訂正等
- 第30条 利用停止等
- 第31条 理由の説明
- 第32条 開示等の請求等に応じる手続
- 第33条 手数料

▶▶ A.7.3.9 要請の処理に関する実施の手引き

箇条7 PII管理者のためのISO/IEC 27002の追加の手引では、**A.7.3.9 要請の処理**について、以下のように補足しています。

- 正当な要請には、利用（処理）されるPII（個人情報）の複製の要請又は苦情申し立ての要請を含み得る
- 法域によっては、（例えば、過剰な又は反復的な要請といった）特定の場合に、組織が手数料を請求することを許可している。
- 要請には、定められた適切な応答時間以内に対応することが望ましい
- 法域によっては、要請の複雑さ及び数に応じて、また遅延をPII主体（本人）に通知する際の要求事項として、応答時間を定義している。適切な応答時間は、プライバシー方針で定義することが望ましい

A.7.3.9 要請の処理の実現方法

　この管理策の実現方法としては、個人情報開示規程のような文書に、以下に関する手順を確立することが期待されます。

- PII（個人情報）の開示手順（PII（個人情報）のコピーの提供手順）
- PII（個人情報）の開示窓口及び手続の方法
- PII（個人情報）の訂正等の手順
- PII（個人情報）の利用停止等の手順

A.7.3.9 要請の処理とは

A.7.3.9 要請の処理
PII主体(本人)からの正当な要請を取扱い、対応するための方針及び手順を定め文書化すること

要請
・開示請求
・訂正等の請求
・利用停止等の請求
・苦情

対応

PII主体（本人）　　PII 管理者

6-21
A.7.3.10 自動化された意思決定

A.7.3.10 自動化された意思決定は、自動化された処理による組織の意思決定から生じる、PII主体（本人）に対する法的義務に関する管理策が規定されています。

▶▶ A.7.3.10 自動化された意思決定

A.7.3.10 自動化された意思決定は、PII（個人情報）の自動化された処理のみに基づいてなされた組織の意思決定から生じる、PII主体（本人）に対する法的義務を含む義務を特定し、対処することを要求しています。

すなわち、この管理策は、自社のシステムのPII（個人情報）の処理に、何らかの自動化された判断プロセスがある場合、その判断から生じる影響の、**PII主体（本人）に対する義務を特定し、対処すること**を求めています。

▶▶ 関連する日本の個人情報保護法

A.7.3.10 自動化された意思決定に関連する、**個人情報保護に関する法律**の条項は、ありません。この管理策は、**GDPR（一般データ保護規則）**「第4節 異議を唱える権利及び個人に対する自動化された意思決定」に特化したものです。

▶▶ A.7.3.10 自動化された意思決定

箇条7 PII管理者のためのISO/IEC 27002の追加の手引では、**A.7.3.10 自動化された意思決定**について、以下のように補足しています。

- 法域によっては、PII（個人情報）のもっぱら自動化された処理に基づく決定がPII主体（本人）に重大な影響を与える場合の、PII主体（本人）に対する特定の義務を定めており、これらは、以下のことなどを指す。
  - ▼ 自動化された意思決定の存在を通知すること
  - ▼ PII主体（本人）がそうした意思決定に異議を申し立てられること

　　　　▼ 人間の介入を得ること
　　■ これらの法域で事業を行っている組織は、これらの義務の順守を考慮に入
　　　れることが望ましい

▶▶ A.7.3.10 自動化された意思決定の実現方法

　　この管理策の実現方法としては、個人情報取扱規程のような文書に、以下に関
する文書（一覧やリスト）を確立することが期待されます。

　　■ 自動化された処理のリスト
　　■ 上記の処理に対する、本人（PII主体）への影響のリスト
　　■ 上記の影響を考慮に入れた、自社の義務のリスト

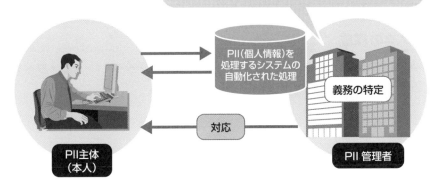

A.7.3.10 自動化された意思決定とは

A.7.3.10 自動化された意思決定

PII（個人情報）の自動化された処理のみに基づいてなされた組織の意思決定から生じる、PII主体（本人）に対する法的義務を含む義務を特定し、対処すること

PII（個人情報）を処理するシステムの自動化された処理

義務の特定

対応

PII主体（本人）

PII 管理者

6-22
A.7.4 プライバシー・バイ・デザイン 及びプライバシー・バイ・デフォルト

A.7.4は、利用目的（処理の目的）に合致した、PII（個人情報）の取り扱いプロセス及びシステムの確立に関する管理目的及び管理策が規定されています。

▶▶ A.7.4の概要

A.7.4 プライバシー・バイ・デザイン及びプライバシー・バイ・デフォルトの管理目的では、**プロセス及びシステムが、PII（個人情報）の収集及び処理（使用、開示、保持、送信及び処分を含む）が特定された目的に必要なものに限られるように設計されることを確実にすること**としており、PII（個人情報）の収集、PII（個人情報）の処理、PII（個人情報）の正確性、PII（個人情報）のデータの最小化、PII（個人情報）の処理の終了時の処置、PII（個人情報）の一時ファイルの消去、PII（個人情報）の保持及び廃棄、PII（個人情報）の処分、PII（個人情報）の通信に関する管理策が規定されています。

▶▶ A.7.4の構成

A.7.4 プライバシー・バイ・デザイン及びプライバシー・バイ・デフォルトは、以下の9つの管理策で構成されています。

- A.7.4.1 収集制限
- A.7.4.2 処理制限
- A.7.4.3 正確性及び品質
- A.7.4.4 PII最小化目標
- A.7.4.5 処理終了時のPIIの非識別化及び削除
- A.7.4.6 一時ファイル
- A.7.4.7 保持
- A.7.4.8 処分

- A.7.4.9 PIIの送信の管理策

▶▶ 関連する日本の個人情報保護法

　A.7.4 プライバシー・バイ・デザイン及びプライバシー・バイ・デフォルトに、直接的または間接的に関連する、**個人情報保護に関する法律**の条項は、以下のとおりとなります。

- 第16条　利用目的による制限
- 第19条　データ内容の正確性の確保等
- 第20条　安全管理措置

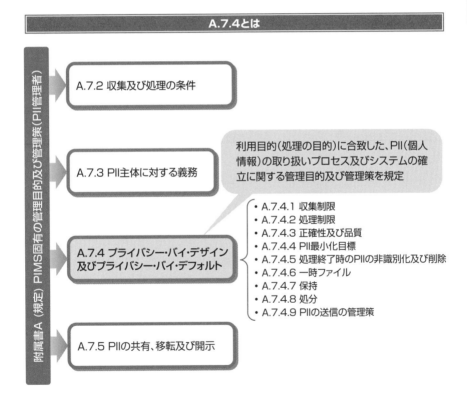

A.7.4とは

附属書A（規定）PIMS固有の管理目的及び管理策（PII管理者）

- A.7.2 収集及び処理の条件
- A.7.3 PII主体に対する義務

利用目的（処理の目的）に合致した、PII（個人情報）の取り扱いプロセス及びシステムの確立に関する管理目的及び管理策を規定

- A.7.4 プライバシー・バイ・デザイン及びプライバシー・バイ・デフォルト
  - A.7.4.1 収集制限
  - A.7.4.2 処理制限
  - A.7.4.3 正確性及び品質
  - A.7.4.4 PII最小化目標
  - A.7.4.5 処理終了時のPIIの非識別化及び削除
  - A.7.4.6 一時ファイル
  - A.7.4.7 保持
  - A.7.4.8 処分
  - A.7.4.9 PIIの送信の管理策
- A.7.5 PIIの共有、移転及び開示

第6章　ISO／IEC　27701の規格要求事項を理解する②　附属書Aの管理策

6-23

A.7.4.1 収集制限

A.7.4.1 収集制限は、PII（個人情報）の取得範囲（収集範囲）の制限に関する管理策が規定されています。

▶▶ A.7.4.1 収集制限

A.7.4.1 収集制限は、PII（個人情報）の収集を、特定された目的に関連し、その目的に見合った必要最小限に制限することを要求しています。

すなわち、過度なPII（個人情報）の収集を防止するための管理策であり、特定したPII（個人情報）の利用目的（処理の目的）の範囲を超えた、**PII（個人情報）の取得を防止するための手順を確立すること**を求めています。

▶▶ 関連する日本の個人情報保護法

A.7.4.1 収集制限に関連する、**個人情報保護に関する法律**の条項はありませんが、間接的には、**第16条　利用目的による制限**が該当します。

この第16条では、「個人情報取扱事業者は、あらかじめ本人の同意を得ないで、前条の規定により特定された利用目的の達成に必要な範囲を超えて、個人情報を取り扱ってはならない」としています。

▶▶ A.7.3.1 PII主体に対する義務の決定及び履行に関する実施の手引き

箇条7 PII管理者のためのISO/IEC 27002の追加の手引では、A.7.4.1 収集制限について、以下のように補足しています。

- PII（個人情報）の収集を、特定された目的との関係で、適切で、関連性があり、必要なものに制限することが望ましい
- これは、組織が（例えば、Webログ、システムログなどを通じて）間接的

に収集するPII（個人情報）の量の制限を含んでいる

- プライバシー・バイ・デフォルトは、PII（個人情報）の収集及び処理に選択肢がある場合に、各選択肢をデフォルトで無効にし、PII主体（本人）の明示的な選択によってだけそれを有効にすることを意味する

▶▶ A.7.4.1 収集制限の実現方法

この管理策の実現方法としては、個人情報取扱規程のような文書に、以下に関する手順を確立することが期待されます。

- PII（個人情報）の取得（収集）に関する手順
- PII（個人情報）の取得（収集）範囲

なお、PII（個人情報）の取得（収集）に関する手順とは、取得する手段や方法（Webへの入力や用紙への記入等）を指し、PII（個人情報）の取得（収集）範囲とは、取得する個人情報の項目を指します。

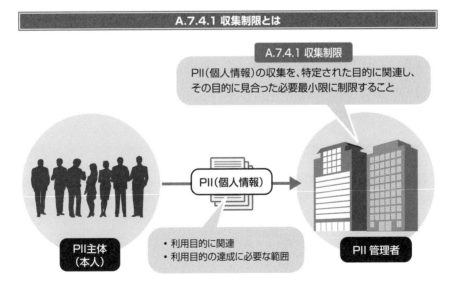

A.7.4.1 収集制限とは

A.7.4.1 収集制限

PII(個人情報)の収集を、特定された目的に関連し、その目的に見合った必要最小限に制限すること

PII(個人情報)

PII主体（本人）

・利用目的に関連
・利用目的の達成に必要な範囲

PII 管理者

6-24

A.7.4.2 処理制限

A.7.4.2 処理制限は、PII（個人情報）の利用範囲（処理の範囲）の制限に関する管理策が規定されています。

▶▶ A.7.4.2 処理制限

A.7.4.2 処理制限は、PII（個人情報）の利用（処理）を、特定された目的に対して適切で、関連性があり、必要なものに制限することを要求しています。

すなわち、目的外利用を防止するための管理策であり、特定したPII（個人情報）の利用目的（処理の目的）の範囲を超えた、**PII（個人情報）の利用を防止するための手順を確立すること**を求めています。

▶▶ 関連する日本の個人情報保護法

A.7.4.2 処理制限に関連する、**個人情報保護に関する法律**の条項は、**A.7.4.1 収集制限**と同様に、**第16条　利用目的による制限**が該当します。

前述したように、この第16条では、「個人情報取扱事業者は、あらかじめ本人の同意を得ないで、前条の規定により特定された利用目的の達成に必要な範囲を超えて、個人情報を取り扱ってはならない」としています。

▶▶ A.7.4.2 処理制限に関する実施の手引き

箇条7 PII管理者のためのISO/IEC 27002の追加の手引では、**A.7.4.2 処理制限**について、以下のように補足しています。

- PII（個人情報）の利用制限（処理の制限）は、情報セキュリティ及びプライバシー方針を通じて、それらの採用及び順守のための文書化した手順と共に管理することが望ましい
- 以下を含むPIIの利用（処理）は、デフォルトで、特定された目的に対して

必要最小限に制限することが望ましい

- ▼ 開示
- ▼ PII（個人情報）の保存期間
- ▼ 誰が、それらのPII（個人情報）にアクセスできるか

▶▶ A.7.4.2 処理制限の実現方法

この管理策の実現方法としては、**A.7.2.1 目的の特定及び文書化**や**A.7.2.2 適法な根拠の特定**に基づき実現した、PII（個人情報）の**利用目的**（処理の目的）や**その根拠**を明文化した、個人情報管理台帳を用いて、全従業者に各PII（個人情報）の**利用目的**と**その根拠**を確実に周知、徹底するなどの手段が期待されます。

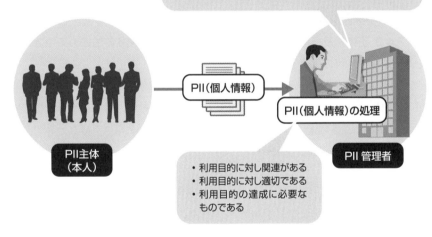

A.7.4.2 処理制限とは

A.7.4.2 処理制限

PII（個人情報）の利用（処理）を、特定された目的に対して適切で、関連性があり、必要なものに制限すること

PII（個人情報）

PII（個人情報）の処理

PII主体（本人）

PII 管理者

- ・利用目的に対し関連がある
- ・利用目的に対し適切である
- ・利用目的の達成に必要なものである

A.7.4.3 正確性及び品質

A.7.4.3 正確性及び品質は、PII（個人情報）の完全性（最新性も含む）に関する管理策が規定されています。

▶▶ A.7.4.3 正確性及び品質

A.7.4.3 正確性及び品質は、PII（個人情報）のライフサイクル全体を通じて、PII（個人情報）の利用目的（処理の目的）に必要とされる範囲で、正確、完全及び最新であることを確実にし、文書化することを要求しています。

すなわち、PII（個人情報）の完全性を確実にするための手順を文書化することを求めています。

▶▶ 関連する日本の個人情報保護法

A.7.4.3 正確性及び品質に関連する、個人情報保護に関する法律の条項は、第19条 データ内容の正確性の確保等が該当します。

この第19条では、「個人情報取扱事業者は、利用目的の達成に必要な範囲内において、個人データを正確かつ最新の内容に保つとともに、利用する必要がなくなったときは、当該個人データを遅滞なく消去するよう努めなければならない」としています。

▶▶ A.7.4.3 正確性及び品質に関する実施の手引き

箇条7 PII管理者のためのISO/IEC 27002の追加の手引では、A.7.4.3 正確性及び品質について、以下のように補足しています。

- 自らが利用（処理）するPII（個人情報）の不正確さを最小限にするための方針、手順及び／又は仕組みを導入することが望ましい
- 不正確なPII（個人情報）の事例に対応するための方針、手順及び／又は仕

組みも存在することが望ましい

- これらの方針、手順及び／又は仕組みは文書化した情報に含めることが望ましく、それらをPII（個人情報）のライフサイクル全体に適用することが望ましい

▶▶ A.7.4.3 正確性及び品質の実現方法

この管理策の実現方法としては、情報システムの運用規程のような文書に、以下に関する手順を確立することが期待されます。

- PII（個人情報）の誤入力を防止するための手順や機能
- PII（個人情報）の意図しない更新を防止するためのアクセス制限
- PII（個人情報）のバックアップに関する手順や機能

A.7.4.3 正確性及び品質とは

A.7.4.3 正確性及び品質

PII(個人情報)のライフサイクル全体を通じて、PII(個人情報)の利用目的(処理の目的)に必要とされる範囲で、正確、完全及び最新であることを確実にし、文書化すること

PII(個人情報)

PII(個人情報)の処理

PII主体
（本人）

PII（個人情報）のライフサイクル
・取得、入力
・更新
・保管
・複写
・移送
・削除

正確、完全及び
最新であること

PII 管理者

6-26

A.7.4.4 PII最小化目標

A.7.4.4 PII最小化目標は、PII（個人情報）のデータ最小化の目標や仕組みの文書化に関する管理策が規定されています。

▶▶ A.7.4.4 PII最小化目標

A.7.4.4 PII最小化目標は、データ最小化目標、及びそれらの目標を達成するために使用する（非識別化などの）仕組みを定め文書化することを要求しています。

すなわち、**PII（個人情報）のデータを最小化する目標と、それを実現する手段を文書化すること**を求めています。

▶▶ 関連する日本の個人情報保護法

A.7.4.4 PII最小化目標に関連する、**個人情報保護に関する法律**の条項はありませんが、このデータ最小化の目的が、安全管理措置を意図していると解釈した場合は（利用目的の達成に必要のない個人情報の項目を非表示化する等）、**第20条安全管理措置**が該当します。

この第20条では、「個人情報取扱事業者は、その取り扱う個人データの漏えい、滅失又はき損の防止その他の個人データの安全管理のために必要かつ適切な措置を講じなければならない」としています。

▶▶ A.7.4.4 PII最小化目標に関する実施の手引き

箇条7 PII管理者のためのISO/IEC 27002の追加の手引では、A.7.4.4 PII最小化目標について、以下のように補足しています。

- 特定のPII（個人情報）並びに収集及び処理されるPII（個人情報）の量を、特定された目的に対してどのように制限するかを明確化することが望ましい
- これは、非識別化又はその他のデータ最小化技術の使用を含み得る

- PII（個人情報）を最小化するために使用する仕組みは、処理の種類及び処理に使用するシステムに応じて変化する。データ最小化の実施に使用する仕組み（技術的なシステム構成など）を文書化することが望ましい

▶▶ A.7.4.4 PII最小化目標の実現方法

　この管理策の実現方法としては、個人情報取扱規程のような文書に、以下に関する文書（一覧やリスト）を確立することが期待されます。

- 各処理に必要なPII（個人情報）の項目のリスト
- 各処理に必要のないPII（個人情報）の項目の非識別化の方法のリスト

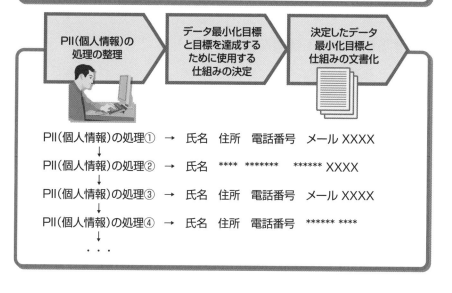

データ最小化目標、及びそれらの目標を達成するために使用する（非識別化などの）仕組みを定め文書化すること

6-27
A.7.4.5 処理終了時のPIIの非識別化及び削除

A.7.4.5 処理終了時のPIIの非識別化及び削除は、PII（個人情報）の利用の終了時の削除に関する管理策が規定されています。

▶▶ A.7.4.5 処理終了時のPIIの非識別化及び削除

A.7.4.5 処理終了時のPIIの非識別化及び削除は、元のPII（個人情報）がもはや特定された目的のために必要でなくなった場合は、速やかにPII（個人情報）を削除するか又はPII主体（本人）の識別若しくは再識別が可能でない形態にすることを要求しています。

すなわち、PII（個人情報）の利用（処理）の終了時に、**PII（個人情報）の削除又は非識別化を行うこと**を求めています。

▶▶ 関連する日本の個人情報保護法

A.7.4.5 処理終了時のPIIの非識別化及び削除に関連する、**個人情報保護に関する法律の条項は、第19条　データ内容の正確性の確保等**が該当します。

この第19条では、「個人情報取扱事業者は、利用目的の達成に必要な範囲内において、個人データを正確かつ最新の内容に保つとともに、**利用する必要がなくなったときは、当該個人データを遅滞なく消去**するよう努めなければならない」としています。

▶▶ A.7.4.5 処理終了時のPIIの非識別化及び削除に関する実施の手引き

箇条7 PII管理者のためのISO/IEC 27002の追加の手引では、**A.7.4.5 処理終了時のPIIの非識別化及び削除**について、以下のように補足しています。

- それ以上の処理が予想されない場合に、PII（個人情報）を消去する仕組み

を備えることが望ましい

- 代案として、その結果として生じる非識別化されたデータによって、PII主体（本人）の再識別が合理的に不可能になるなら、何らかの非識別化技術を使用することができる

⏩ A.7.4.5 処理終了時のPIIの非識別化及び削除の実現方法

この管理策の実現方法としては、個人情報取扱規程のような文書に、以下に関する手順を確立することが期待されます。

- 利用（処理）が終了した際の、PII（個人情報）の削除に関する手順
- 利用（処理）が終了した際の、PII（個人情報）の非識別化に関する手順

ただし、**箇条7 PII管理者のためのISO/IEC 27002の追加の手引**にもあるように、非識別化はあくまでも代案であり、基本的には、削除が原則となります（**個人情報保護に関する法律の第19条**でも、本条項は努力義務だが、消去が原則）。

A.7.4.5 処理終了時のPIIの非識別化及び削除とは

A.7.4.5 処理終了時のPIIの非識別化及び削除

元のPII(個人情報)がもはや特定された目的のために必要でなくなった場合は、速やかにPII(個人情報)を削除するか又はPII主体(本人)の識別若しくは再識別が可能でない形態にすること

削除又は非識別化

PII(個人情報)

PII(個人情報)

PII主体(本人)

PII(個人情報)の処理

PII(個人情報)の処理の終了

PII 管理者

A.7.4.6 一時ファイル

A.7.4.6 **一時ファイル**は、PII（個人情報）のシステムによる処理の過程で生成されるテンポラリーファイルの消去に関する管理策が規定されています。

▶▶ A.7.4.6 一時ファイル

A.7.4.6 **一時ファイル**は、PII（個人情報）の処理の結果で生成された一時ファイルが、規定の文書化した期間内に、文書化した手順に従って処分（例えば、消去又は破壊）されることを確実にすることを要求しています。

すなわち、PII（個人情報）の処理の過程で生成される**テンポラリーファイルの削除に関する期限及び手順を文書化すること**を求めています。

▶▶ 関連する日本の個人情報保護法

A.7.4.6 **一時ファイル**に関連する、**個人情報保護に関する法律**の条項はありませんが、この一時ファイルの消去の目的が、安全管理措置を意図していると解釈した場合は（一時ファイルに含まれる個人データの意図しないアクセスを防止する等）、**第20条　安全管理措置**が該当します。

前述したように、この第20条では、「個人情報取扱事業者は、その取り扱う個人データの漏えい、滅失又はき損の防止その他の個人データの安全管理のために必要かつ適切な措置を講じなければならない」としています。

▶▶ A.7.4.6 一時ファイルに関する実施の手引き

箇条7 PII管理者のためのISO/IEC 27002の追加の手引では、A.7.4.6 **一時ファイル**について、以下のように補足しています。

- 使用されない一時ファイルが定められた期間内に削除されることを、定期的に確認することが望ましい

■ 情報システムは、その運用の通常の過程で一時ファイルを生成し得る。こうしたファイルはシステム又はアプリケーション固有のものであるが、データベースの更新及びその他のアプリケーションソフトウェアの運用に関連する、ファイルシステムロールバックジャーナル及び一時ファイルを含み得る。関連する情報処理タスクが完了した後には一時ファイルは必要とされないが、それらが削除できない状況が存在する。これらのファイルが使用され続ける期間は常に確定的ではないが、"ガベージコレクション"の手順によって関連ファイルを特定し、それらが最後に使用されてからどのくらい時間が経ったかを特定することが望ましい

▶▶ A.7.4.6 一時ファイルの実現方法

　この管理策の実現方法としては、情報システムの運用規程のような文書に、以下に関する手順を確立することが期待されます。

- テンポラリーファイルの消去に関する期限
- テンポラリーファイルの消去に関する手順

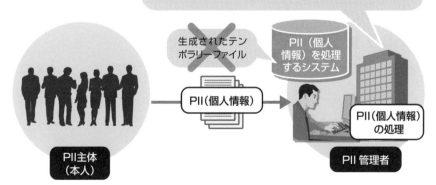

A.7.4.6 一時ファイルとは

A.7.4.6 一時ファイル

PII（個人情報）の処理の結果で生成された一時ファイルが、規定の文書化した期間内に、文書化した手順に従って処分（例えば、消去又は破壊）されることを確実にすること

生成されたテンポラリーファイル

PII（個人情報）を処理するシステム

PII（個人情報）

PII（個人情報）の処理

PII主体（本人）

PII 管理者

6-29

A.7.4.7 保持

A.7.4.7 保持は、PII（個人情報）を保持する期間の明確化や削除する期限の明確化に関する管理策が規定されています。

▶▶ A.7.4.7 保持

A.7.4.7 保持は、PII（個人情報）を利用（処理）する目的のために必要とされる期間を超えて、PII（個人情報）を保持しないことを要求しています。

すなわち、**PII（個人情報）の保持期間及び削除期限を明確にすること**を求めています。

▶▶ 関連する日本の個人情報保護法

A.7.4.7 保持に関連する、**個人情報保護に関する法律**の条項は、**A.7.4.5 処理終了時のPIIの非識別化及び削除**と同様に、**第19条 データ内容の正確性の確保等**が該当します。

前述したように、この第19条では、「個人情報取扱事業者は、利用目的の達成に必要な範囲内において、個人データを正確かつ最新の内容に保つとともに、**利用する必要がなくなったときは、当該個人データを遅滞なく消去**するよう努めなければならない」としています。

▶▶ A.7.4.7 保持に関する実施の手引き

箇条7 PII管理者のためのISO/IEC 27002の追加の手引では、**A.7.4.7 保持**について、以下のように補足しています。

- 自らが保持する情報の保持計画を作成及び維持する際には、PII（個人情報）を必要以上に保持し続けないという要求事項を考慮することが望ましい
- こうした計画は、法令、規制上及びビジネス上の要求事項を考慮すること

が望ましい

- こうした要求事項が互いに矛盾する場合は、（リスクアセスメントに基づいて）ビジネス上の決定を行い、適切なスケジュールで文書化する必要がある。

A.7.4.7 保持の実現方法

　この管理策の実現方法としては、個人情報管理台帳のような文書に、PII（個人情報）を定められた期限内に、確実に削除するための、以下に関する記録を明文化することが期待されます。

- 各PII（個人情報）の保管期間
- 各PII（個人情報）の削除期限

A.7.4.7 保持とは

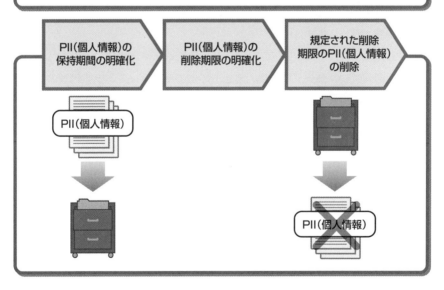

PII（個人情報）を利用（処理）する目的のために必要とされる期間を超えて、PII（個人情報）を保持しないこと

| PII（個人情報）の保持期間の明確化 | PII（個人情報）の削除期限の明確化 | 規定された削除期限のPII（個人情報）の削除 |

PII（個人情報）

PII（個人情報）

6-30

A.7.4.8 処分

A.7.4.8 処分は、PII（個人情報）のセキュアな廃棄や消去に関する管理策が規定されています。

▶▶ A.7.4.8 処分

A.7.4.8 処分は、PII（個人情報）の処分に関する文書化した方針、手順及び／又は仕組みを持つことを要求しています。

すなわち、PII（個人情報）の安全な処分に関する方針や手順を文書化することを求めています。

▶▶ 関連する日本の個人情報保護法

A.7.4.8 処分に関連する、個人情報保護に関する法律の条項は、第20条　安全管理措置が該当します。

前述したように、この第20条では、「個人情報取扱事業者は、その取り扱う個人データの漏えい、滅失又はき損の防止その他の個人データの安全管理のために必要かつ適切な措置を講じなければならない」としています。

▶▶ A.7.4.7 保持に関する実施の手引き

箇条7 PII管理者のためのISO/IEC 27002の追加の手引では、A.7.4.8 処分について、以下のように補足しています。

- PII（個人情報）の処分方法の選択は、処分方法が特性及び結果の点で多様であるため（例えば、結果として生じる物理的媒体の粒度又は電子媒体に記録されていた削除された情報を回復する能力の点で）、多くの要因に左右される。
- 適切な処分方法を選択するときに考慮すべき要素は、処分するPII（個人情

報）の性質及び範囲、PII（個人情報）に関連するメタデータが存在するかどうか、並びにPII（個人情報）が保存される媒体の物理的特性を含むが、これらだけに限らない。

◆◆ A.7.4.8 処分の実現方法

　この管理策の実現方法としては、個人情報取扱規程のような文書に、以下に関する手順を確立することが期待されます。

- 以下のような各媒体における安全なPII（個人情報）の廃棄／消去に関する手順
  - ▼ PII（個人情報）が記載された紙媒体
  - ▼ PII（個人情報）の電子データ
  - ▼ PII（個人情報）の電子データが保存されていた可搬媒体
  - ▼ PII（個人情報）の電子データが保存されていた装置

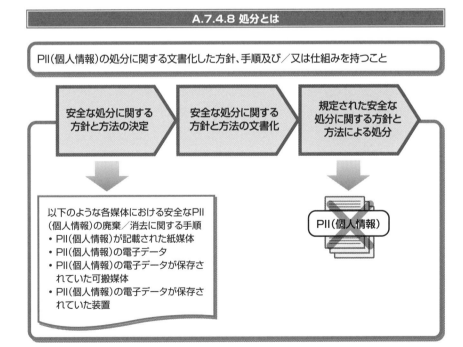

A.7.4.8 処分とは

PII(個人情報)の処分に関する文書化した方針、手順及び／又は仕組みを持つこと

安全な処分に関する方針と方法の決定 → 安全な処分に関する方針と方法の文書化 → 規定された安全な処分に関する方針と方法による処分

以下のような各媒体における安全なPII(個人情報)の廃棄／消去に関する手順
- PII(個人情報)が記載された紙媒体
- PII(個人情報)の電子データ
- PII(個人情報)の電子データが保存されていた可搬媒体
- PII(個人情報)の電子データが保存されていた装置

PII(個人情報)

第6章　ISO/IEC 27701の規格要求事項を理解する② 附属書Aの管理策

6-31

A.7.4.9 PIIの送信の管理策

A.7.4.9 PIIの送信の管理策は、PII（個人情報）のセキュアなデータ送信に関する管理策が規定されています。

▶▶ A.7.4.9 PIIの送信の管理策

A.7.4.9 PIIの送信の管理策は、データ送信ネットワーク上で送信される（例えば、別の組織に送られる）PII（個人情報）に対して、データがその意図する宛先に到達することを確実にするように設計した、適切な管理策に従うことを要求しています。

すなわち、**PII（個人情報）の安全な移送（データ送信）に関する管理策を確立すること**を求めています。

▶▶ 関連する日本の個人情報保護法

A.7.4.9 PIIの送信の管理策に関連する、**個人情報保護に関する法律**の条項は、**第20条　安全管理措置**が該当します。

前述したように、この第20条では、「個人情報取扱事業者は、その取り扱う個人データの漏えい、滅失又はき損の防止その他の個人データの安全管理のために必要かつ適切な措置を講じなければならない」としています。

なお、この条項を順守するための**個人情報の保護に関する法律についてのガイドライン（通則編）**において、データの移送時の安全対策の例が規定されています。

▶▶ A.7.4.7 保持に関する実施の手引き

箇条7 PII管理者のためのISO/IEC 27002の追加の手引では、A.7.4.9 PIIの送信の管理策について、以下のように補足しています。

- PII（個人情報）の送信は、一般に、認可された個人だけが送信システムにアクセスすることを確実にすることによって、PII（個人情報）が誤りなく

正しい受信者に送信されることを確実にするために、（監査ログの保持を含む）適切なプロセスに従うことによって管理する必要がある

▶▶ A.7.4.9 PIIの送信の管理策の実現方法

　この管理策の実現方法としては、個人情報取扱規程のような文書に、PII（個人情報）のセキュアな送信を確実にするための、以下に関する手順を確立することが期待されます。

- ■ PII（個人情報）の送信先設定の適切化（メールアドレスの適正化を含む）
- ■ PII（個人情報）を含む通信の経路又は送信内容の暗号化
- ■ 移送するPII（個人情報）へのパスワード等による保護（PII（個人情報）を含む添付ファイルへのパスワード設定）

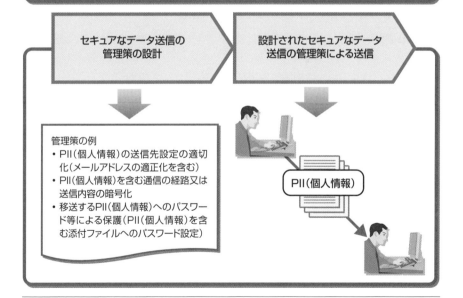

A.7.4.9 PIIの送信の管理策とは

データ送信ネットワーク上で送信される（例えば、別の組織に送られる）PII（個人情報）に対して、データがその意図する宛先に到達することを確実にするように設計した、適切な管理策に従うこと

セキュアなデータ送信の
管理策の設計

設計されたセキュアなデータ
送信の管理策による送信

管理策の例
- ・PII（個人情報）の送信先設定の適切化（メールアドレスの適正化を含む）
- ・PII（個人情報）を含む通信の経路又は送信内容の暗号化
- ・移送するPII（個人情報）へのパスワード等による保護（PII（個人情報）を含む添付ファイルへのパスワード設定）

PII（個人情報）

A.7.5 PIIの共有、移転及び開示

A.7.5 PIIの共有、移転及び開示は、PII（個人情報）の外国にある第三者への提供、第三者への提供の記録、第三者への開示の記録に関する管理目的及び管理策が規定されています。

▶▶ A.7.5 PIIの共有、移転及び開示の概要

A.7.5 PIIの共有、移転及び開示の管理目的では、**適用される義務に従って、PII（個人情報）を共有するかどうか、他の法域又は第三者に移転するかどうか、及び／又は開示するかどうか、もしするのであれば、それらはどういう場合かを決定し文書化すること**としており、法域間でのPIIの移転、PIIの移転が可能な国及び国際的な組織の特定、PIIの第三者への移転又は第三者からの移転、PIIの第三者への開示の記録に関する管理策が規定されています。

▶▶ A.7.5 PIIの共有、移転及び開示の構成

A.7.5 PIIの共有、移転及び開示は、以下の4つの管理策で構成されています。

- A.7.5.1 法域間でのPII移転の根拠の特定
- A.7.5.2 PIIの移転が可能な国及び国際的な組織
- A.7.5.3 PIIの移転の記録
- A.7.5.4 第三者へのPII開示の記録

▶▶ 関連する日本の個人情報保護法

A.7.5 PIIの共有、移転及び開示に、直接的または間接的に関連する、**個人情報保護に関する法律**の条項は、以下のとおりとなります。

- 第24条　外国にある第三者への提供の制限

- 第25条　第三者提供に係る記録の作成等
- 第26条　第三者提供を受ける際の確認等

　なお、**第24条　外国にある第三者への提供の制限**は、間接的に該当するものであり直接的には該当しません。

　ISO/IEC 27701:2019の管理策では、PII（個人情報）を外国にある第三者への移転する場合は、**その根拠を文書化すること**を要求していますが、**個人情報保護に関する法律の第24条　外国にある第三者への提供の制限**では、あらかじめ外国にある第三者への提供を認めることに関する、**PII主体（本人）からの同意を得ること**を求めています（ただし、個人の権利利益を保護する上で、日本と同等の水準にあると認められる個人情報の保護に関する制度を有している外国として個人情報保護委員会規則で定めるものを除く）。

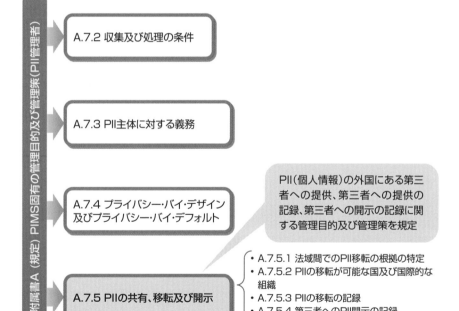

A.7.5 PIIの共有、移転及び開示とは

附属書A（規定）PIMS固有の管理目的及び管理策（PII管理者）

- A.7.2 収集及び処理の条件
- A.7.3 PII主体に対する義務
- A.7.4 プライバシー・バイ・デザイン及びプライバシー・バイ・デフォルト
- A.7.5 PIIの共有、移転及び開示

PII（個人情報）の外国にある第三者への提供、第三者への提供の記録、第三者への開示の記録に関する管理目的及び管理策を規定

- A.7.5.1 法域間でのPII移転の根拠の特定
- A.7.5.2 PIIの移転が可能な国及び国際的な組織
- A.7.5.3 PIIの移転の記録
- A.7.5.4 第三者へのPII開示の記録

6-33

A.7.5.1 法域間でのPII移転の根拠の特定

A.7.5.1 法域間でのPII移転の根拠の特定は、PII（個人情報）を外国にある組織に移転する際の根拠の文書化に関する管理策が規定されています。

▶▶ A.7.5.1 法域間でのPII移転の根拠の特定

A.7.5.1 法域間でのPII移転の根拠の特定は、法域間でのPII（個人情報）の移転に関連する根拠を特定し、文書化することを要求しています。

すなわち、**外国にある第三者に、PII（個人情報）を移転する場合は、その根拠を文書化すること**を求めています。

▶▶ 関連する日本の個人情報保護法

A.7.5.1 法域間でのPII移転の根拠の特定に関連する、**個人情報保護に関する法律**の条項はありませんが、前述したように、間接的には、**第24条　外国にある第三者への提供の制限**が該当します。

この第24条では、「個人情報取扱事業者は、外国（個人情報保護委員会規則で定めるものを除く）にある第三者（個人情報保護委員会規則で定める基準に適合する体制を整備している者を除く）に個人データを提供する場合には、あらかじめ外国にある第三者への提供を認める旨の本人の同意を得なければならない」としています。

▶▶ A.7.5.1 法域間でのPII移転の根拠の特定に関する実施の手引き

箇条7 PII管理者のためのISO/IEC 27002の追加の手引では、A.7.5.1 法域間でのPII移転の根拠の特定について、以下のように補足しています。

- PIIの移転は、データの移転先（及びデータの送信元）の法域又は国際的な組織によっては、法令及び／又は規制の対象となる可能性がある。移転の

根拠として、こうした要求事項の順守を文書化することが望ましい

- 法域によっては、指定された監督官庁によって情報移転の合意がレビューされることを要求される可能性がある。そうした法域で事業を行っている組織は、そうした要求事項を認識することが望ましい

▶▶ A.7.5.1 法域間でのPII移転の根拠の特定の実現方法

この管理策の実現方法としては、個人情報取扱規程のような文書に、外国にある組織にPII（個人情報）を移転する際の、以下に関する手順を確立することが期待されます。

- PII（個人情報）を移転する組織及びその国
- PII（個人情報）を移転する根拠

なお、この管理策は、次の**A.7.5.2 PIIの移転が可能な国及び国際的な組織**に関連します。

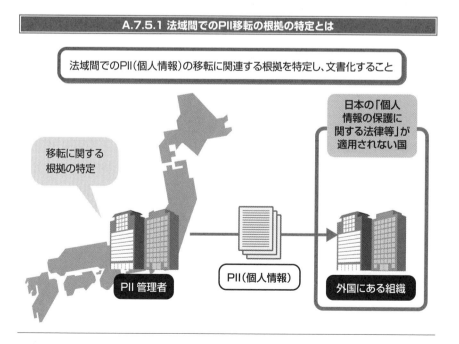

A.7.5.1 法域間でのPII移転の根拠の特定とは

法域間でのPII(個人情報)の移転に関連する根拠を特定し、文書化すること

移転に関する根拠の特定

日本の「個人情報の保護に関する法律等」が適用されない国

PII 管理者

PII(個人情報)

外国にある組織

A.7.5.2 PIIの移転が可能な国及び国際的な組織

A.7.5.2 PIIの移転が可能な国及び国際的な組織は、自社として、PII（個人情報）の移転を許可する外国及びその国にある組織の文書化に関する管理策が規定されています。

▶▶ A.7.5.2 PIIの移転が可能な国及び国際的な組織

A.7.5.2 PIIの移転が可能な国及び国際的な組織は、PII（個人情報）の移転が可能な国及び国際的な組織を規定し、文書化することを要求しています。

すなわち、自社として、**PII（個人情報）を移転することを許可する、国及びその国にある組織を文書化すること**を求めています。

▶▶ 関連する日本の個人情報保護法

A.7.5.2 PIIの移転が可能な国及び国際的な組織に関連する、**個人情報保護に関する法律**の条項は、間接的には、**第24条　外国にある第三者への提供の制限**が該当します。

前述したように、この第24条では、「個人情報取扱事業者は、外国（個人情報保護委員会規則で定めるものを除く）にある第三者（個人情報保護委員会規則で定める基準に適合する体制を整備している者を除く）に個人データを提供する場合には、あらかじめ外国にある第三者への提供を認める旨の本人の同意を得なければならない」としています。

▶▶ A.7.5.2 PIIの移転が可能な国及び国際的な組織に関する実施の手引き

箇条7 PII管理者のためのISO/IEC 27002の追加の手引では、**A.7.5.2 PIIの移転が可能な国及び国際的な組織**について、以下のように補足しています。

- 通常の運用において、PII（個人情報）の移転が可能な国及び国際的な組織

がどこであるかを顧客にわかるようにしておくことが望ましい

- PII処理下請負者の利用から生じた国がどこであるかも含めることが望ましい
- 含まれる国を、7.5.1との関連で考慮することが望ましい

▶▶ A.7.5.2 PIIの移転が可能な国及び国際的な組織の実現方法

この管理策の実現方法としては、箇条7の実施の手引きにあるように、**A.7.5.1 法域間でのPII移転の根拠の特定**と整合を図り実現することが期待されます。したがって、個人情報取扱規程のような文書に、自社として、PII（個人情報）を移転することを許可する、国及びその国にある第三者に関する、以下の手順を確立することが期待されます。

- 自社として、PII（個人情報）の移転を許可する組織及びその国
- PII（個人情報）を移転する根拠

A.7.5.2 PIIの移転が可能な国及び国際的な組織とは

PII(個人情報)の移転が可能な国及び国際的な組織を規定し、文書化すること

自社として、PII(個人情報)を移転することを許可する、国及びその国にある組織の特定	特定した、PII(個人情報)を移転することを許可する、国及びその国にある組織の文書化

参考：個人情報保護に関する法律の第24条 外国にある第三者への提供の制限

個人情報取扱事業者は、外国（個人情報保護委員会規則で定めるものを除く）にある第三者（個人情報保護委員会規則で定める基準に適合する体制を整備している者を除く）に個人データを提供する場合には、あらかじめ外国にある第三者への提供を認める旨の本人の同意を得なければならない

個人情報の保護に関する法律施行規則

第11条 個人の権利利益を保護する上で我が国と同等の水準にあると認められる個人情報の保護に関する制度を有している外国

6-35
A.7.5.3 PIIの移転の記録

A.7.5.3 PIIの移転の記録は、PII（個人情報）を移転する場合及び移転を受ける場合の記録に関する管理策が規定されています。

▶▶ A.7.5.3 PIIの移転の記録

A.7.5.3 PIIの移転の記録は、PII（個人情報）の第三者への移転又は第三者からの移転を記録し、PII主体（本人）に対する義務に関連する将来の要請に対応するために、それら関係者との協力を確実にすることを要求しています。

すなわち、PII（個人情報）を移転する場合及び移転を受ける場合の記録を作成すること、当該第三者との協力体制を確立することを求めています。

▶▶ 関連する日本の個人情報保護法

A.7.5.3 PIIの移転の記録に関連する、**個人情報保護に関する法律**の条項は、間接的には、**第25条　第三者提供に係る記録の作成等**、及び**第26条　第三者提供を受ける際の確認等**が該当します。なお、第25条は、提供する際の記録の作成を求めており、第26条が、提供を受けた際の記録の作成を求めています（提供を受ける際の確認も含む）。

▶▶ A.7.5.3 PIIの移転の記録に関する実施の手引き

箇条7 PII管理者のためのISO/IEC 27002の追加の手引では、**A.7.5.3 PIIの移転の記録**について、以下のように補足しています。

- 記録は、PII管理者が自らの義務を履行した結果として変更になったPII（個人情報）の第三者からの移転又はPII（個人情報）の消去の要請（例えば、同意の撤回後の）を含む、PII主体（本人）からの正当な要請に応えるための第三者への移転を含み得る。

■ これらの記録の保持期間を定義する方針をもつことが望ましい

▶▶ A.7.5.3 PIIの移転の記録の実現方法

この管理策の実現方法としては、個人情報取扱規程のような文書に、第三者への移転及び第三者からの移転の記録に関する、以下の手順を確立することが期待されます。

■ 第三者への移転を行った際の記録及びその保管期間（**第25条　第三者提供に係る記録の作成等**で求められる記録の内容及び記録の保管期間を考慮）
■ 第三者から移転を受けた際の記録及びその保管期間（**第26条　第三者提供を受ける際の確認等**で求められる記録の内容及び記録の保管期間を考慮）

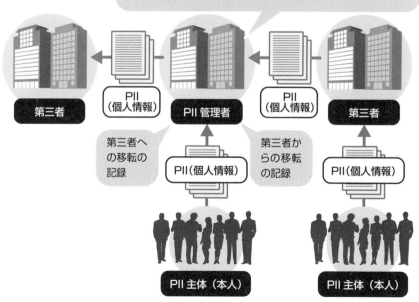

A.7.5.3 PIIの移転の記録とは

A.7.5.3 PIIの移転の記録

PII（個人情報）の第三者への移転又は第三者からの移転を記録し、PII主体（本人）に対する義務に関連する将来の要請に対応するために、それら関係者との協力を確実にすること

第三者 ← PII（個人情報） ← PII 管理者 ← PII（個人情報） → 第三者

第三者への移転の記録　　PII（個人情報）　　第三者からの移転の記録　　PII（個人情報）

PII 主体（本人）　　PII 主体（本人）

6-36
A.7.5.4 第三者へのPII開示の記録

A.7.5.4 第三者へのPII開示の記録は、PII（個人情報）を第三者に開示した際の記録に関する管理策が規定されています。

▶▶ A.7.5.4 第三者へのPII開示の記録

A.7.5.4 第三者へのPII開示の記録は、どのPII（個人情報）を開示したか、誰にいつ開示したかを含め、PII（個人情報）の第三者への開示を記録することを要求しています。

すなわち、適法な調査や外部監査等によって、**PII（個人情報）を第三者に開示した場合の記録を作成すること**を求めています。

▶▶ 関連する日本の個人情報保護法

A.7.5.4 第三者へのPII開示の記録に関連する、**個人情報保護に関する法律**の条項は、日本の法律では、第三者への開示も、第三者への提供にあたるので、前述した**第25条　第三者提供に係る記録の作成等**が該当します。

なお、第25条では、「個人情報取扱事業者は、個人データを第三者に提供したときは、当該個人データを提供した年月日、当該第三者の氏名又は名称その他の個人情報保護委員会規則で定める事項に関する記録を作成しなければならない。」としています。

▶▶ A.7.5.4 第三者へのPII開示の記録に関する実施の手引き

箇条7 PII管理者のためのISO/IEC 27002の追加の手引では、A.7.5.4 第三者へのPII開示の記録について、以下のように補足しています。

- PII（個人情報）は、通常の運用の間に開示され得る。これらの開示は、記録することが望ましい。

- 適法な調査又は外部監査によって生じるもののような、第三者への何らかの追加的開示も記録することが望ましい
- 記録は、開示元及び開示を行わせる権限元を含むことが望ましい

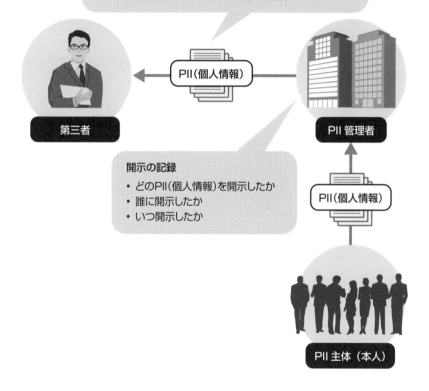

A.7.5.4 第三者へのPII開示の記録とは

A.7.5.4 第三者へのPII開示の記録

どのPII（個人情報）を開示したか、誰にいつ開示したかを含め、PII（個人情報）の第三者への開示を記録すること

第三者

PII（個人情報）

PII 管理者

開示の記録
- どのPII（個人情報）を開示したか
- 誰に開示したか
- いつ開示したか

PII（個人情報）

PII 主体（本人）

第6章　ISO／IEC 27701の規格要求事項を理解する②　附属書Aの管理策

▶▶ A.7.5.4 第三者へのPII開示の記録の実現方法

　この管理策の実現方法としては、個人情報取扱規程のような文書に、第三者への開示に関する、以下の手順を確立することが期待されます。

- 自社として、開示を許可する第三者
- 上記の第三者への開示を許可する根拠
- 上記の開示に関するPII主体（本人）から同意を得る方法
- 開示を行った際の記録（**第25条　第三者提供に係る記録の作成等**で求められる記録の内容を含む）
- 開示を行った際の記録保管期間（**第25条　第三者提供に係る記録の作成等**で求められる記録の保管期間を考慮）

第 **7** 章

ISO/IEC 27701の
規格要求事項を理解する③
附属書Bの管理策

この章では、PII 処理者として活動する組織に適用される管理目的及び管理策の内容をみていきましょう。

附属書 B は、B.8.2 収集及び処理の条件、B.8.3 PII 主体に対する義務、B.8.4 プライバシー・バイ・デザイン及びプライバシー・バイ・デフォルト、B.8.5 PII の共有、移転及び開示で構成されます。

7-1

附属書Bとは

ISO 27701:2019の附属書Bは、PII処理者として活動する組織のためのPIMS固有の管理目的及び管理策が規定されています。

▶▶ 附属書Bの概要

附属書B（規定）PIMS固有の管理目的及び管理策（PII処理者）は、ISO/IEC 27001:2013の附属書A（規定）管理目的及び管理策を拡張したものであり、PII処理者として活動する組織のためのPIMS固有の管理目的及び管理策が規定されています。

▶▶ 附属書Bの用途

附属書B（規定）PIMS固有の管理目的及び管理策（PII処理者）は、附属書A（PII管理者）と同様に、ISO/IEC 27701:2019の5.4.1.2 情報セキュリティリスクアセスメントで規定された、プライバシーリスクアセスメントの結果に基づき、5.4.1.3 情報セキュリティリスク対応の6.1.3 c)における、管理策の検証に用いられます（必要な管理策が見落とされていないことの検証）。

検証の結果、適用すると判断された管理策は、認証基準となり、PII処理者が満たすべき要求事項となります。

▶▶ 附属書Bの構成

附属書B（規定）PIMS固有の管理目的及び管理策（PII処理者）はB.8.2 収集及び処理の条件、B.8.3 PII主体に対する義務、B.8.4 プライバシー・バイ・デザイン及びプライバシー・バイ・デフォルト、B.8.5 PIIの共有、移転及び開示の4つで構成されています。

なお、附属書B(規定) PIMS固有の管理目的及び管理策（PII処理者）の箇条番号は、箇条8 PII処理者のためのISO/IEC 27002の追加の手引の箇条番号と紐づけられており、箇条8 PII処理者のためのISO/IEC 27002の追加の手引は、

附属書B（規定）PIMS固有の管理目的及び管理策（PII処理者）に規定された管理策を理解するための手引きとなっています。

　したがって、**附属書B（規定）PIMS固有の管理目的及び管理策（PII処理者）**は、**附属書A（PII管理者)**と同様に、〜しなければならない（Shall）と規定されているのに対し、**箇条8 PII処理者のためのISO/IEC 27002の追加の手引**は、〜することが望ましい（Should）と規定されています。

ISO/IEC 27701:2019の附属書Bとは

箇条1 適用範囲、箇条2 引用規格、箇条3 用語、定義及び略語

箇条4 一般

箇条5 ISO/IEC 27001に関連するPIMS固有の要求

箇条6 ISO/IEC 27002に関連するPIMS固有の手引

箇条7 PII管理者のためのISO/IEC 27002の追加の手引

箇条8 PII処理者のためのISO/IEC 27002の追加の手引

附属書A（規定）PIMS固有の管理目的及び管理策（PII管理者）

附属書B（規定）PIMS固有の管理目的及び管理策（PII処理者）

ISO/IEC 277017:2019

実施の手引き

PII処理者として活動する組織のためのPIMS固有の管理目的及び管理策を規定

- B.8.2 収集及び処理の条件
- B.8.3 PII主体に対する義務
- B.8.4 プライバシー・バイ・デザイン及びプライバシー・バイ・デフォルト
- B.8.5 PIIの共有、移転及び開示

B.8.2 収集及び処理の条件

B.8.2 収集及び処理の条件は、顧客との合意や処理の目的など、顧客との契約などに関する管理目的及び管理策が規定されています。

▶▶ B.8.2 収集及び処理の条件の概要

B.8.2 収集及び処理の条件の管理目的では、**処理が適用される各法域の法的根拠に基づいて適法であり、明確に定義された適法な目的をもつことを判断し、文書化すること**としており、その管理目的を実現するための、顧客の義務を支援する契約や、組織の目的（処理の目的）内で処理すること、処理されるPII（個人情報）のマーケティングや広告への利用の禁止、法規制に関する侵害的指示を受けた場合の通知、顧客への情報提供、PII（個人情報）の処理の記録に関する管理策が規定されています。

▶▶ B.8.2収集及び処理の条件の構成

B.8.2 収集及び処理の条件は、**B.8.2.1 顧客の合意、B.8.2.2 組織の目的、B.8.2.3 マーケティング及び広告のための使用、B.8.2.4 侵害的指示、B.8.2.5 顧客の義務、B.8.2.6 PIIの処理に関連する記録**の8つの管理策で構成されています。

▶▶ 関連する日本の個人情報保護法

B.8.2 収集及び処理の条件に、直接的または間接的に関連する、**個人情報保護に関する法律**の条項は、**第16条 利用目的による制限**となります。

なお、この第16条に関連する管理策は、**B.8.2.2 組織の目的**と**B.8.2.3 マーケティング及び広告のための使用**となります。

▶▶ 顧客の定義

附属書B（規定）PIMS固有の管理目的及び管理策（PII処理者）では、"顧客"という用語が登場します。**ISO/IEC 27701:2019の箇条4**では、顧客について、「組

織の役割に応じて、顧客は以下の何れかとして理解することができる」としています。

①PII管理者と契約している組織(例えばPII管理者の顧客)
②PII処理者と契約しているPII管理者(例えばそのPII処理者の顧客)
③PII処理のために下請負者と契約しているPII処理者(例えば下請負PII処理者の顧客)

なお、**附属書B (PII処理者)や箇条8**では②および③が該当し、**附属書A (PII管理者)や箇条7**では、①が該当します。

B.8.2 収集及び処理の条件とは

顧客との合意や処理の目的など、顧客との契約などに関する管理目的及び管理策を規定

附属書B (規定) PIMS固有の管理目的及び管理策(PII処理者)

B.8.2 収集及び処理の条件
- B.8.2.1 顧客の合意
- B.8.2.2 組織の目的
- B.8.2.3 マーケティング及び広告のための使用
- B.8.2.4 侵害的指示
- B.8.2.5 顧客の義務
- B.8.2.6 PIIの処理に関連する記録

B.8.3 PII主体に対する義務

B.8.4 プライバシー・バイ・デザイン及びプライバシー・バイ・デフォルト

B.8.5 PIIの共有、移転及び開示

第7章 ISO/IEC 27701の規格要求事項を理解する③ 附属書Bの管理策

B.8.2.1 顧客の合意

B.8.2.1 **顧客の合意**は、顧客の義務を支援する組織の役割を果たすための、PII
処理の契約に関する管理策が規定されています。

▶▶ B.8.2.1 顧客の合意

B.8.2.1 **顧客の合意**は、適切な場合には、PIIを処理するための契約が、顧客の
義務を支援する、組織の役割を果たすことを確実にすること（処理の性質及び組
織が利用できる情報を考慮に入れて）を要求しています。

すなわち、自社が処理する、**PII（個人情報）の処理の性質**や、**組織が利用でき
る情報を考慮に入れ、顧客と適切な契約を締結すること**を求めています。

▶▶ 関連する日本の個人情報保護法

B.8.2.1 **顧客の合意**に直接的に関連する、**個人情報保護に関する法律**の条項は
ありません。

▶▶ B.8.2.1 顧客の合意に関する実施の手引き

箇条8 PII処理者のためのISO/IEC 27002の追加の手引では、**B.8.2.1 顧客
の合意**について、以下のように補足しています。

- 組織と顧客の間の契約は、適切な場合には、顧客の役割(PII管理者又はPII
  処理者)に応じて、次の事項を含むこと(このリストは確定的なものでも、網
  羅的なものでもない)
  - ▼ プライバシー・バイ・デザイン及びプライバシー・バイ・デフォルト
  - ▼ 処理のセキュリティの達成
  - ▼ PII（個人情報）に関わる違反の監督官庁への通知
  - ▼ PII（個人情報）に関わる違反の顧客及びPII主体への通知

- ▼ プライバシー影響評価（PIA）の実施
- ▼ 関連するPII（個人情報）保護機関に事前の相談が必要とされる場合の、PII処理者による支援の保証
- ■ 法域によっては、契約に処理の主題及び期間、処理の性質及び目的、PII（個人情報）の種類、並びにPII主体（本人）のカテゴリを含むことが要求される

▶▶ B.8.2.1 顧客の合意の実現手段

この管理策の実現方法としては、**PIIの処理の種類や性質、その中で取り扱う個人情報の範囲などを考慮した上で**、**顧客との契約に必要とする事項を明文化**し、その**明文化された内容に基づいて顧客と契約を締結**することが期待されます。

なお、この明文化された契約内容は、次の管理策である**B.8.2.2 組織の目的**において、PII（個人情報）の処理の目的を明確にすることや、**B.8.2.6 PIIの処理に関する記録**において、自らの義務の順守を実証するための記録を決定する際の参照文書として用いられます。

B.8.2.1 顧客の合意とは

B.8.2.1 顧客の合意

適切な場合には、PIIを処理するための契約が、顧客の義務を支援する、組織の役割を果たすことを確実にすること（処理の性質及び組織が利用できる情報を考慮に入れて）

PII主体(本人) / PII(個人情報) / 顧客(PII管理者など) / 契約 / PII(個人情報) / PII処理者 / PIIの処理 / PII(個人情報)

7-4
B.8.2.2 組織の目的

> B.8.2.2 組織の目的は、顧客に代わって処理するPII（個人情報）を、顧客に指示されている目的のためだけに処理することを確実にするための管理策が規定されています。

▶▶ B.8.2.2 組織の目的

　B.8.2.2 組織の目的は、顧客に代わって処理するPII（個人情報）を、顧客の文書化した指示に示されている目的のためだけに処理することを確実にすることを要求しています。

　すなわち、**目的外利用を行わないための手順を明文化し、それを順守すること**を求めています。

▶▶ 関連する日本の個人情報保護法

　B.8.2.2 組織の目的に関連する、**個人情報保護に関する法律**の条項は、**第16条利用目的による制限**となります。

　この第16条では、特定された利用目的の範囲を超えて個人情報を取り扱うことが禁止されています。さらに、改正個人情報保護法では、**第16条の2不適正な利用の禁止**が追加され、違法又は不当な行為を助長し、又は誘発するおそれがある方法により個人情報を利用してはならないと規定されており、これらに関連する管理策となります。

▶▶ B.8.2.2 組織の目的に関する実施の手引き

　箇条8 PII処理者のためのISO/IEC 27002の追加の手引では、B.8.2.2 組織の目的について、以下のように補足しています。

- 組織と顧客の間の契約は、サービスによって達成すべき目的及び期間を含むことが望ましいが、これだけに限らない

- 顧客の目的を達成するために、顧客の一般的な指示に沿ってはいるが、顧客の明示的な指示はない状態で、PII（個人情報）を処理する方法を決定することが適切な技術的理由が存在する可能性がある。例えば、PII主体（本人）のある特性に応じて、ネットワーク又は処理能力を効率的に利用するために、特定の処理リソースを割り当てることが必要とされ得る。
- 目的の明確化及び制限の原則を自らが順守していることを顧客が検証できるようにすることが望ましい。また、顧客の文書化した指示に示されているもの以外の目的で、組織又はその下請負者がPII（個人情報）を処理しないことも確実にすることが望ましい

▶▶ B.8.2.2 組織の目的の実現手段

この管理策の実現方法としては、**B.8.2.1 顧客の合意**に基づき明文化された契約内容や、顧客から明示されたPII（個人情報）の処理に関する目的やこの管理策を順守していることが検証できるようにする方法などを考慮した上で、個人情報取扱規程のような文書に、**目的外利用を防止するための手順を確立し、実施する**ことが期待されます。

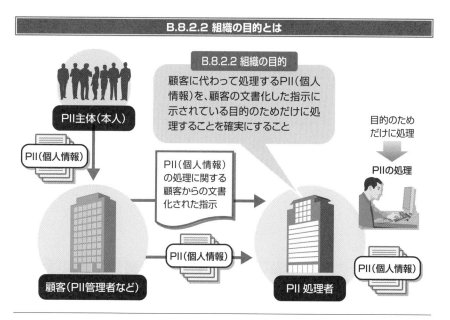

B.8.2.2 組織の目的とは

B.8.2.2 組織の目的

顧客に代わって処理するPII（個人情報）を、顧客の文書化した指示に示されている目的のためだけに処理することを確実にすること

PII主体（本人）

PII（個人情報）

PII（個人情報）の処理に関する顧客からの文書化された指示

PII（個人情報）

顧客（PII管理者など）

PII 処理者

目的のためだけに処理

PIIの処理

PII（個人情報）

第7章　ISO／IEC 27701の規格要求事項を理解する③　附属書Bの管理策

7-5

B.8.2.3 マーケティング及び
広告のための使用

B.8.2.3 マーケティング及び広告のための使用は、契約のもとで処理されるPII（個人情報）を、マーケティング及び広告に使用することを禁止するための管理策が規定されています。

▶▶ B.8.2.3 マーケティング及び広告のための使用

B.8.2.3 マーケティング及び広告のための使用は、適切なPII主体（本人）から事前の同意を確実に得ることなく、契約のもとで処理されるPII（個人情報）をマーケティング及び広告の目的で使用しないこと、マーケティング及び広告目的のPII（個人情報）使用に同意することを、PII主体（本人）がサービスを受ける際の条件にしないことを要求しています。

すなわち、顧客との契約で得たPII（個人情報）の、**目的外利用（マーケティング等での使用）を防止するための手順の確立、及びマーケティング等での使用を契約条件にしないための手順を確立し、実施すること**を求めています。

▶▶ 関連する日本の個人情報保護法

B.8.2.3 マーケティング及び広告のための使用に関連する、**個人情報保護に関する法律**の条項は、**第16条 利用目的による制限**となります。

この**第16条**では、「個人情報取扱事業者は、あらかじめ本人の同意を得ないで、前条の規定により特定された利用目的の達成に必要な範囲を超えて、個人情報を取り扱ってはならない。」としており、また、**第16条の2 不適正な利用の禁止**では、「違法又は不当な行為を助長し、又は誘発するおそれがある方法により個人情報を利用してはならない」と規定され、本管理策と関連しています。

▶▶ B.8.2.3 マーケティング及び広告のための使用に関する実施の手引き

箇条8 PII処理者のためのISO/IEC 27002の追加の手引では、B.8.2.3 マー

ケティング及び広告のための使用について、以下のように補足しています。

- 特にマーケティング及び/又は広告のためのPII使用を計画している場合には、PII処理者が顧客の契約上の要求事項を順守していることを文書化すること。
- PII主体から明示的な同意を公正に得ていない場合、マーケティング及び/又は広告のためのPII使用を含めると主張しないこと。

▶▶ B.8.2.3 マーケティング及び広告のための使用の実現手段

この管理策の実現方法としては、**B.8.2.2 組織の目的**で確立した、目的外利用を防止するための手順に、**適切なPII主体（本人）から事前の同意を確実に得ることなく、PIIをマーケティング等に使用しないことを明文化**すること、及び**マーケティング等での使用を契約条件にしないことを明文化**することが期待されます。

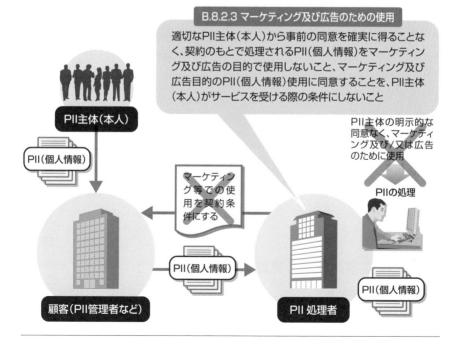

B.8.2.3 マーケティング及び広告のための使用とは

B.8.2.3 マーケティング及び広告のための使用

適切なPII主体（本人）から事前の同意を確実に得ることなく、契約のもとで処理されるPII（個人情報）をマーケティング及び広告の目的で使用しないこと、マーケティング及び広告目的のPII（個人情報）使用に同意することを、PII主体（本人）がサービスを受ける際の条件にしないこと

PII主体（本人）

PII（個人情報）

マーケティング等での使用を契約条件にする

PII（個人情報）

顧客（PII管理者など）

PII主体の明示的な同意なく、マーケティング及び/又は広告のために使用

PIIの処理

PII（個人情報）

PII 処理者

7-6

B.8.2.4 侵害的指示

B.8.2.4 **侵害的指示**は、顧客からの処理の指示が、適用される法令や規制を侵害するという見解がある場合の管理策が規定されています。

▶▶ B.8.2.4 侵害的指示

B.8.2.4 **侵害的指示**は、顧客の処理の指示が適用される法令及び/又は規制を侵害するという見解がある場合、顧客に通知することを要求しています。

すなわち、**顧客からの指示や依頼が法令違反になる場合の、顧客への通知手順**を確立し、実施することを求めています。

▶▶ 関連する日本の個人情報保護法

B.8.2.4 **侵害的指示**に直接的に関連する、**個人情報保護に関する法律**の条項はありませんが、PII処理者が、顧客から指示や依頼を受けた内容が、法令違反になるかどうかの判断基準として、個人情報保護法の内容そのものや、個人情報保護法ガイドライン等が広く関連しています。

▶▶ B.8.2.4 侵害的指示に関する実施の手引き

箇条8 PII処理者のためのISO/IEC 27002の追加の手引では、B.8.2.4 **侵害的指示**について、以下のように補足しています。

- 指示が法令及び/又は規制を侵害しているかどうかを検証する組織の能力は、技術的状況、指示自体、及び組織と顧客の間の契約に左右され得る。

▶▶ B.8.2.4 侵害的指示の実現手段

この管理策の実現方法としては、顧客（PII管理者等）からの指示や依頼が法令違反になるかどうかを確認するため、**個人情報取扱規程**のような文書に、以下の

ような内容を明文化し、実施することが期待されます。

- 関連法令の参照手順
- 違反かどうかを判断する明確な基準
- 違反かどうかが判断できない場合の社内の相談窓口
- 違反であるという見解をもった場合の顧客（PII管理者等）への通知手順

　なお、関連法令（プライバシー保護に関する法令及び規制要求事項）の参照手順を策定する場合は、日本の個人情報保護法だけでなく、処理を行うPII（個人情報）のPII主体（本人）や、顧客であるPII管理者又はPII処理者が所在する法域に適用される法令及び規制要求事項（例えば、**GDPR（一般データ保護規則）**など）も含むことが期待されます。

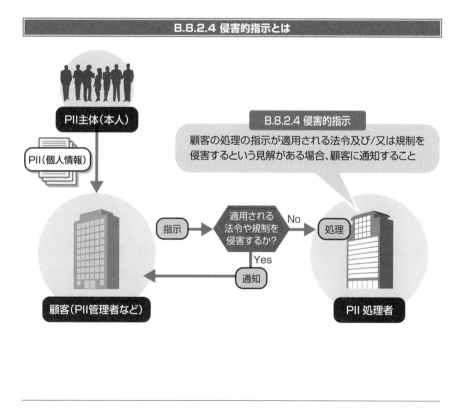

B.8.2.4 侵害的指示とは

PII主体（本人）

PII（個人情報）

B.8.2.4 侵害的指示
顧客の処理の指示が適用される法令及び/又は規制を侵害するという見解がある場合、顧客に通知すること

指示 → 適用される法令や規制を侵害するか？ → No → 処理

Yes ← 通知

顧客（PII管理者など）

PII 処理者

B.8.2.5 顧客の義務

B.8.2.5 顧客の義務は、顧客が自らの義務を果たすことができるようにするための、PII処理者からの適切な情報提供に関する管理策が規定されています。

▶▶ B.8.2.5 顧客の義務

B.8.2.5 顧客の義務は、顧客が自らの義務の順守を実証できるように、適切な情報を顧客に提供することを要求しています。

すなわち、PII処理者として、**顧客が自らの順守評価を行うために必要な情報を整理する**ことや、それらの**情報の顧客への通知手順を確立し、実施する**ことを求めています。

▶▶ 関連する日本の個人情報保護法

B.8.2.5 顧客の義務に関連する、**個人情報保護に関する法律**の条項は、ありません。

▶▶ B.8.2.5 顧客の義務に関する実施の手引き

箇条8 PII処理者のためのISO/IEC 27002の追加の手引では、B.8.2.5 顧客の義務について、以下のように補足しています。

- 顧客が必要とする情報は、顧客、又は顧客により委任を受けた又は顧客が同意した別の監査人が実施する監査を組織が許容し、それに寄与するかどうかを含み得る。

▶▶ B.8.2.5 顧客の義務の実現手段

この管理策の実現方法としては、**個人情報取扱規程**のような文書に、以下に関する手順を確立することが期待されます。

- 以下を含む、顧客（PII管理者等）が自らの順守評価を実施するために必要となる、PII処理者として提供すべき情報のリスト化
  - PII（個人情報）の保護の体制に関する情報
  - PII（個人情報）を適切に処理するための手順書などの情報
  - PII（個人情報）を適切に処理している記録
  - PII（個人情報）を処理する社員に対する教育の記録
  - PII（個人情報）を処理する社員との秘密保持に関する合意の記録
  - PII（個人情報）を処理する部門で実施している点検の記録
  - PII（個人情報）を処理する部門に実施した内部監査の記録
- 上記の情報の、顧客（PII管理者等）への提供手順の確立及び実施

なお、顧客（PII管理者）への情報提供を実現する方法には、顧客または顧客が委託した監査人からの監査を受け入れることなども含まれます。

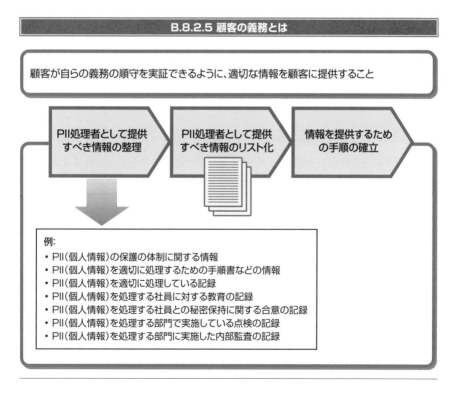

B.8.2.5 顧客の義務とは

顧客が自らの義務の順守を実証できるように、適切な情報を顧客に提供すること

| PII処理者として提供すべき情報の整理 | PII処理者として提供すべき情報のリスト化 | 情報を提供するための手順の確立 |

例:
- PII(個人情報)の保護の体制に関する情報
- PII(個人情報)を適切に処理するための手順書などの情報
- PII(個人情報)を適切に処理している記録
- PII(個人情報)を処理する社員に対する教育の記録
- PII(個人情報)を処理する社員との秘密保持に関する合意の記録
- PII(個人情報)を処理する部門で実施している点検の記録
- PII(個人情報)を処理する部門に実施した内部監査の記録

7-8
B.8.2.6 PIIの処理に関連する記録

B.8.2.6 PIIの処理に関連する記録は、PII（個人情報）の処理に関する、記録の作成と保持についての管理策が規定されています。

▶▶ B.8.2.6 PIIの処理に関連する記録

B.8.2.6 PIIの処理に関連する記録は、顧客に代わって実施するPII（個人情報）の処理に関する（適用される契約で規定されている）自らの義務の順守の実証に役立てるため、必要な記録を決定し、維持することを要求しています。

すなわち、PII（個人情報）の処理に関連する、作成すべき記録を明確にし、保持することを求めています。

▶▶ 関連する日本の個人情報保護法

B.8.2.6 PIIの処理に関連する記録に直接的に関連する、個人情報保護に関する法律の条項はありません。

▶▶ B.8.2.6 PIIの処理に関連する記録に関する実施の手引き

箇条8 PII管理者のためのISO/IEC 27002の追加の手引では、B.8.2.6 PIIの処理に関連する記録について、以下のように補足しています。

- 法域によっては、次のような情報を記録することを要求される可能性がある
  - ▼ 各顧客に代わって実施する処理のカテゴリ
  - ▼ 第三国又は国際的な組織への移転
  - ▼ 技術的及び組織的なセキュリティ対策の概括的な説明

▶▶ B.8.2.6 PIIの処理に関連する記録の実現方法

この管理策の実現方法としては、個人情報管理台帳のような文書に、各個人情

報で**実施される処理及び必要とする記録を明文化**することが期待されます。

　なお、処理の記録は、以下のようなものが考えられます。

- PII（個人情報）の登録や更新に関する記録
- PII（個人情報）の印刷（許可されている場合）に関する記録
- PII（個人情報）の複写／コピー（許可されている場合）に関する記録
- PII（個人情報）の廃棄／消去に関する記録

　また、必要とする記録を決定する際には、日本の個人情報保護法だけでなく、顧客であるPII管理者又はPII処理者が所在する法域に適用される法令及び規制要求事項（例えば、**GDPR（一般データ保護規則）**など）も確認することが期待されます。

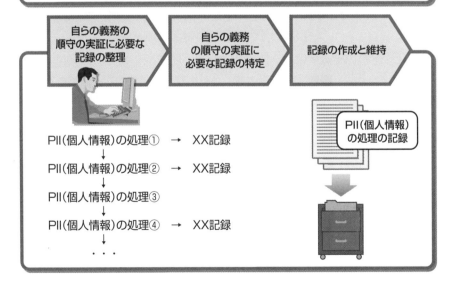

B.8.2.6 PIIの処理に関連する記録とは

顧客に代わって実施するPII（個人情報）の処理に関する（適用される契約で規定されている）自らの義務の順守の実証に役立てるため、必要な記録を決定し、維持すること

自らの義務の順守の実証に必要な記録の整理　　自らの義務の順守の実証に必要な記録の特定　　記録の作成と維持

PII(個人情報)の処理①　→　XX記録
↓
PII(個人情報)の処理②　→　XX記録
↓
PII(個人情報)の処理③
↓
PII(個人情報)の処理④　→　XX記録
↓
・・・

PII(個人情報)の処理の記録

7-9
B.8.3 PII主体に対する義務
B.8.3.1 PII主体に対する義務

B.8.3 PII主体に対する義務は、個人情報の本人の権利の確保などに関する管理目的及び管理策が規定されています。

▶▶ B.8.3 PII主体に対する義務の概要

B.8.3 PII主体に対する義務の管理目的では、PII主体（本人）に、自らのPII（個人情報）の処理について適切な情報が確実に提供されること、及びPII（個人情報）の処理に関係があるPII主体（本人）に適用される、その他の義務を果たすこととしており、PII主体（本人）に対する義務に関する管理策が規定されています。

なお、B.8.3 PII主体に対する義務は、B.8.3.1 PII主体に対する義務の1つの管理策のみで構成されています。

▶▶ B.8.3.1 PII主体に対する義務

B.8.3.1 PII主体に対する義務は、PII主体（本人）に対する義務を順守する手段を顧客に提供することを要求しています。

すなわち、PII（個人情報）の取扱いに関する、PII主体（本人）の権利の確保を確実にするために、**顧客（PII管理者等）がその義務を果たすことができるよう、それを実現するための手順を顧客に提供すること**を求めています。

▶▶ 関連する日本の個人情報保護法

B.8.3.1 PII主体に対する義務に関連する、**個人情報保護に関する法律**の条項はありませんが、顧客であるPII管理者が、PII主体（本人）から開示等の請求を受けた場合に、PII処理者が、顧客であるPII管理者に代わって、PII主体（本人）に開示等を行う場合は、第28条 開示、第29条 訂正等、第30条 利用停止等が間接的に関連します。

▶▶ B.8.3.1 PII主体に対する義務に関する実施の手引き

箇条8 PII処理者のためのISO/IEC 27002の追加の手引では、B.8.3.1 PII主

154

体に対する義務について、以下のように補足しています。

- ■ PII管理者の義務は、法令、規制及び/又は契約によって定義され得る
- ■ これらの義務は、顧客が、これらの義務を履行するために組織のサービスを使用する場合の事項を含み得る。例えば、これは、時機を失しないやり方でのPII（個人情報）の修正又は削除を含み得る

▶▶ B.8.3.1 PII主体に対する義務の実現方法

この管理策の実現方法としては、顧客（PII管理者）が、本人（PII主体）からの要請に対応するための、以下のような手順を、**個人情報取扱規程のような文書に明文化する**ことが期待されます。

- ■ 顧客（PII管理者）が受けた、開示、訂正等、利用停止等の要請へのPII処理者としての対応

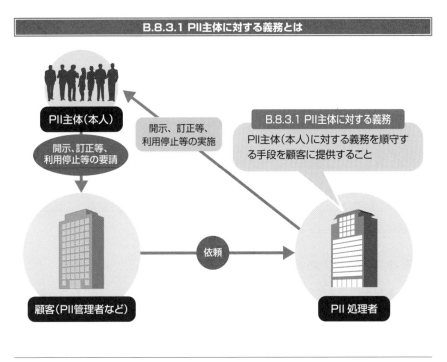

B.8.3.1 PII主体に対する義務とは

PII主体（本人）

開示、訂正等、
利用停止等の要請

開示、訂正等、
利用停止等の実施

B.8.3.1 PII主体に対する義務
PII主体（本人）に対する義務を順守する手段を顧客に提供すること

顧客（PII管理者など）

依頼

PII 処理者

B.8.4 プライバシー・バイ・デザイン 及びプライバシー・バイ・デフォルト

B.8.4は、利用目的（処理の目的）に合致した、PII（個人情報）の取り扱いプロセス及びシステムの確立に関する管理目的及び管理策が規定されています。

▶▶ B.8.4の概要

B.8.4 プライバシー・バイ・デザイン及びプライバシー・バイ・デフォルトの管理目的では、**プロセス及びシステムが、PII（個人情報）の収集及び処理（使用、開示、保持、送信及び処分を含む）が特定された目的に必要なものに限られるように設計されることを確実にすること**としており、PII（個人情報）のテンポラリーファイルの消去、PII（個人情報）の安全な返却、移転又は処分、PII（個人情報）の送信時の安全性確保に関する管理策が規定されています。

▶▶ B.8.4の構成

B.8.4 プライバシー・バイ・デザイン及びプライバシー・バイ・デフォルトは、**B.8.4.1 一時ファイル、B.8.4.2 PIIの返却、移転又は処分、B.8.4.3 PIIの送信の管理策**の3つの管理策で構成されています。

▶▶ 関連する日本の個人情報保護法

B.8.4 プライバシー・バイ・デザイン及びプライバシー・バイ・デフォルトに、直接的または間接的に関連する、**個人情報保護に関する法律**の条項は、**第20条安全管理措置**が該当します。

▶▶ B.8.4.1 一時ファイル

B.8.4.1 一時ファイルは、PII（個人情報）の処理の結果で生成された一時ファイルが、規定の文書化した期間内に、文書化した手順に従って処分（例えば、消去又は破壊）されることを確実にすることを要求しています。

　A.7.4.6 一時ファイルと同様に、PII（個人情報）の処理の過程で生成される**テンポラリーファイルの削除に関する期限及び手順を文書化すること**を求めています。

▶▶ 関連する日本の個人情報保護法及び実施の手引き

　B.8.4.1 一時ファイルに関連する、**個人情報保護に関する法律**の条項は、**A.7.4.6 一時ファイル**と同様に、**第20条　安全管理措置**が該当します。

　また、**箇条8 PII処理者のためのISO/IEC 27002の追加の手引**のB.8.4.1 一時ファイルの補足は、**A.7.4.6 一時ファイル**と同じ内容です。

▶▶ B.8.4.1 一時ファイルの実現方法

　この管理策の実現方法としては、**A.7.4.6 一時ファイル**と同様に、**情報システムの運用規程**のような文書に、以下に関する手順を確立することが期待されます。

- テンポラリーファイルの消去に関する期限
- テンポラリーファイルの消去に関する手順

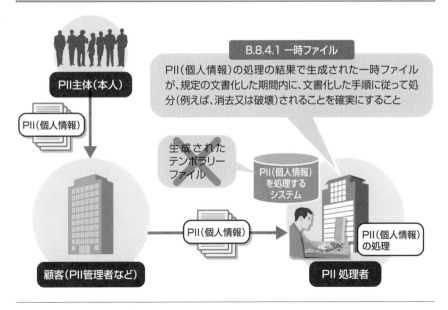

B.8.4.1 一時ファイルとは

B.8.4.1 一時ファイル
PII（個人情報）の処理の結果で生成された一時ファイルが、規定の文書化した期間内に、文書化した手順に従って処分（例えば、消去又は破壊）されることを確実にすること

PII主体（本人）

PII（個人情報）

生成されたテンポラリーファイル

PII（個人情報）を処理するシステム

PII（個人情報）

PII（個人情報）の処理

顧客（PII管理者など）

PII 処理者

7-11

B.8.4.2 PIIの返却、移転又は処分

B.8.4.2 PIIの返却、移転又は処分は、安全な方法でPII（個人情報）を返却、移転又は処分する能力を提供することに関する管理策が規定されています。

B.8.4.2 PIIの返却、移転又は処分

B.8.4.2 PIIの返却、移転又は処分は、安全なやり方でPII（個人情報）を返却、移転及び／又は処分する能力を提供すること、及び組織の方針を顧客が確認できるようにすることを要求しています。すなわち、**PII（個人情報）の返却や処分の方法を明確にすること**や、**その方針を顧客に明示すること**を求めています。

関連する日本の個人情報保護法

B.8.4.2 PIIの返却、移転又は処分に関連する、**個人情報保護に関する法律**の条項は、**第20条 安全管理措置**が該当します。

B.8.4.2 PIIの返却、移転又は処分に関する実施の手引き

箇条8 PII処理者のためのISO/IEC 27002の追加の手引では、**B.8.4.2 PIIの返却、移転又は処分**について、以下のように補足しています。

- ある時点で、PII（個人情報）を何らかのやり方で処分することが必要となり得る
- これは、PII（個人情報）の顧客への返却、別の組織又はPII管理者へのPII（個人情報）の移転（例えば、合併の結果として）、削除若しくは破壊、非識別化、又はアーカイブ化を含み得る
- PII（個人情報）の返却、移転及び・又は処分の機能は、安全なやり方で実行することが望ましい
- バックアップ及び事業継続を目的とする場合も含め、組織は契約のもとで

処理されるPII（個人情報）が、それらが顧客の特定された目的にとってもはや必要でなくなった場合に、速やかに保存場所から確実に消去されることを顧客が確認できるよう、必要な保証を提供することが望ましい

- PII（個人情報）の処分に関して方針を作成及び実施し、要請があれば、この方針を顧客が確認できるようにすることが望ましい
- 方針は、契約の偶発的な失効によって顧客がPII（個人情報）を失うことを防ぐために、契約終了後の、それが処分されるよりも前のPII（個人情報）の保持期間を包含することが望ましい

B.8.4.2 PIIの返却、移転又は処分の実現方法

この管理策の実現方法としては、**個人情報取扱規程**のような文書に、以下に関する手順を確立することが期待されます。

- PII（個人情報）のセキュアな返却、移転、処分に関する機能／又は手順の確立及び実施
- PII（個人情報）のセキュアな返却、移転、処分に関する方針の確立及び顧客（PII管理者等）への開示

B.8.4.2 PIIの返却、移転又は処分とは

安全なやり方でPII（個人情報）を返却、移転及び／又は処分する能力を提供すること、及び組織の方針を顧客が確認できるようにすること

| PII（個人情報）のセキュアな返却、移転、処分に関する機能／又は手順の確立 | PII（個人情報）のセキュアな返却、移転、処分に関する機能／又は手順の実施 | PII（個人情報）のセキュアな返却、移転、処分に関する方針の顧客への開示 |

対象:
- PII（個人情報）の顧客への返却
- 別の組織又はPII管理者へのPII（個人情報）の移転（例えば、合併の結果として）
- PII（個人情報）の削除若しくは破壊、非識別化、又はアーカイブ化

第7章 ISO／IEC 27701の規格要求事項を理解する③ 附属書Bの管理策

7-12

B.8.4.3 PIIの送信の管理策

B.8.4.3 PIIの送信の管理策は、PII（個人情報）のセキュアなデータ送信に関する管理策が規定されています。

▶▶ B.8.4.3 PIIの送信の管理策

B.8.4.3 PIIの送信の管理策は、データ送信ネットワーク上で送信されるPII（個人情報）に対して、データがその意図する宛先に到達することを確実にするように設計した、適切な管理策に従うことを要求しています。

すなわち、**A.7.4.9 PIIの送信の管理策**と同様に、**PII（個人情報）の安全な移送（データ送信）に関する管理策を確立すること**を求めています。

▶▶ 関連する日本の個人情報保護法

B.8.4.3 PIIの送信の管理策に関連する、**個人情報保護に関する法律**の条項は、**A.7.4.9 PIIの送信の管理策**と同様に、**第20条 安全管理措置**が該当します。

前述したように、この第20条では、「個人情報取扱事業者は、その取り扱う個人データの漏えい、滅失又はき損の防止その他の個人データの安全管理のために必要かつ適切な措置を講じなければならない」としています。

なお、この条項を順守するための**個人情報の保護に関する法律についてのガイドライン（通則編）**において、データの移送時の安全対策の例が規定されています。

▶▶ B.8.4.3 PIIの送信の管理策に関する実施の手引き

箇条8 PII処理者のためのISO/IEC 27002の追加の手引では、**B.8.4.3 PIIの送信の管理策**について、**A.7.4.9 PIIの送信の管理策**の手引きに追加して、以下を補足しています。

- 送信に関連する契約上の要求事項がない場合は、送信の前に顧客から助言

を受けることが適切である場合がある。

▶▶ B.8.4.3 PIIの送信の管理策の実現方法

この管理策の実現方法としては、**A.7.4.9 PIIの送信の管理策**と同様に、**個人情報取扱規程**のような文書に、PII（個人情報）のセキュアな送信を確実にするための、以下に関する手順を確立することが期待されます。

- PII（個人情報）の送信先設定の適切化（メールアドレスの適正化を含む）
- PII（個人情報）を含む通信の経路又は送信内容の暗号化
- 移送するPII（個人情報）へのパスワード等による保護（PII（個人情報）を含む添付ファイルへのパスワード設定）

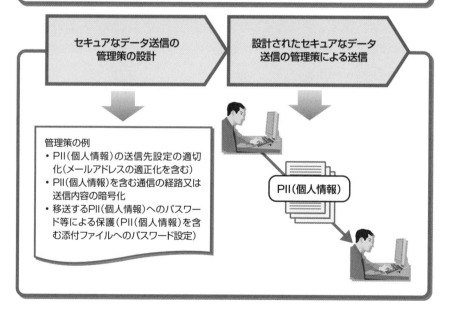

B.8.4.3 PIIの送信の管理策とは

データ送信ネットワーク上で送信されるPII（個人情報）に対して、データがその意図する宛先に到達することを確実にするように設計した、適切な管理策に従うこと

セキュアなデータ送信の
管理策の設計

設計されたセキュアなデータ
送信の管理策による送信

管理策の例
- PII（個人情報）の送信先設定の適切化（メールアドレスの適正化を含む）
- PII（個人情報）を含む通信の経路又は送信内容の暗号化
- 移送するPII（個人情報）へのパスワード等による保護（PII（個人情報）を含む添付ファイルへのパスワード設定）

PII（個人情報）

7-13

B.8.5 PIIの共有、移転及び開示

B.8.5 PIIの共有、移転及び開示は、PII（個人情報）の法域外の組織又は第三者への移転、開示に関する管理目的及び管理策が規定されています。

▶▶ B.8.5 PIIの共有、移転及び開示の概要

B.8.5 PIIの共有、移転及び開示の管理目的では、**附属書AのA.7.5 PIIの共有、移転及び開示と同様に、適用される義務に従って、PII（個人情報）を共有するかどうか、他の法域又は第三者に移転するかどうか、及び／又は開示するかどうか、もしするのであれば、それらはどういう場合かを決定し文書化すること**としており、法域間でのPII（個人情報）の移転、PII（個人情報）の移転が可能な国及び国際的な組織の特定、PII（個人情報）の第三者への開示の記録、PII開示要請の通知、法的拘束力のあるPII（個人情報）の開示、PII（個人情報）の処理に使用する下請負者の開示、PII（個人情報）を処理する下請負者の関与や変更に関する管理策が規定されています。

▶▶ B.8.5 PIIの共有、移転及び開示の構成

B.8.5 PIIの共有、移転及び開示は、以下の8つの管理策で構成されています。

- B.8.5.1 法域間でのPII移転の根拠
- B.8.5.2 PIIの移転が可能な国及び国際的な組織
- B.8.5.3 第三者へのPII開示の記録
- B.8.5.4 PII開示要請の通知
- B.8.5.5 法的拘束力のあるPII開示
- B.8.5.6 PIIの処理に使用する下請負者の開示
- B.8.5.7 PIIを処理する下請負者の関与
- B.8.5.8 PIIを処理する下請負者の変更

▶▶ 関連する日本の個人情報保護法

B.8.5 PIIの共有、移転及び開示に、直接的または間接的に関連する、**個人情報保護に関する法律**の条項は、以下のとおりとなります。

- 第21条　委託先の監督
- 第24条　外国にある第三者への提供の制限
- 第25条　第三者提供に係る記録の作成等

なお、**第24条　外国にある第三者への提供の制限**は、間接的に該当するものであり直接的には該当しません。

B.8.5 PIIの共有、移転及び開示とは

附属書B（規定）PIMS固有の管理目的及び管理策（PII処理者）

B.8.2 収集及び処理の条件

B.8.3 PII主体に対する義務

B.8.4 プライバシー・バイ・デザイン及びプライバシー・バイ・デフォルト

B.8.5 PIIの共有、移転及び開示

- B.8.5.1 法域間でのPII移転の根拠
- B.8.5.2 PIIの移転が可能な国及び国際的な組織
- B.8.5.3 第三者へのPII開示の記録
- B.8.5.4 PII開示要請の通知
- B.8.5.5 法的拘束力のあるPII開示
- B.8.5.6 PIIの処理に使用する下請負者の開示
- B.8.5.7 PIIを処理する下請負者の関与
- B.8.5.8 PIIを処理する下請負者の変更

PII（個人情報）の外国にある第三者への提供、第三者への提供の記録に関する管理目的及び管理策を規定

第7章 ISO／IEC 27701の規格要求事項を理解する③ 附属書Bの管理策

7-14

B.8.5.1 法域間でのPII移転の根拠

B.8.5.1 法域間でのPII移転の根拠は、PII（個人情報）を外国にある組織に移転する際の根拠の通知に関する管理策が規定されています。

▶▶ B.8.5.1 法域間でのPII移転の根拠

B.8.5.1 法域間でのPII移転の根拠は、法域間でのPIIの移転の根拠及びこれに関する何らかの意図する変更を、顧客がそうした変更に異議を申し立てるか、又は契約を終了できるように、顧客に時機を失せずに通知することを要求しています。

すなわち、**外国にある第三者に、PII（個人情報）を移転する場合は、その根拠を顧客に通知すること**を求めています。

▶▶ 関連する日本の個人情報保護法

B.8.5.1 法域間でのPII移転の根拠に関連する、**個人情報保護に関する法律の条項はありません**。

▶▶ B.8.5.1 法域間でのPII移転の根拠に関する実施の手引き

箇条8 PII処理者のためのISO/IEC 27002の追加の手引では、B.8.5.1 法域間でのPII移転の根拠について、以下のように補足しています。

- 供給者、他の関係者、他の国又は国際的な組織への移転を含む、PII（個人情報）の移転を顧客に通知することが望ましい
- 変更する場合、顧客がこうした変更に異議を申し立てるか又は契約を終了できるように、合意された時間枠に従って事前に顧客に通知することが望ましい
- 顧客の間の合意に、顧客に通知せずに組織が変更を実施できる場合に関する規定を盛り込み得る。これらの場合、この許容限度を設定すること（例

えば、組織は顧客に通知せずに供給者を変更することができるが、PII（個人情報）を他の国に移転することはできないなど）

- PII（個人情報）の国際的な移転の場合には、モデル契約条項、拘束的企業準則（BCRs）、又はCBPRなどの合意、関係国、及びそうした合意が適用される状況を特定すること。

B.8.5.1 法域間でのPII移転の根拠の実現方法

この管理策の実現方法としては、**個人情報取扱規程**のような文書に、顧客（PII管理者）から預託されているPII（個人情報）を、外国にある組織に移転する際の根拠を、顧客（PII管理者等）に通知する手順を確立することが期待されます。

なお、この管理策は、次の**B.8.5.2 PIIの移転が可能な国及び国際的な組織**に関連します。

B.8.5.1 法域間でのPII移転の根拠とは

B.8.5.1 法域間でのPII移転の根拠

法域間でのPIIの移転の根拠及びこれに関する何らかの意図する変更を、顧客がそうした変更に異議を申し立てるか、又は契約を終了できるように、顧客に時機を失せずに通知すること

PII主体（本人）

PII（個人情報）

事前通知

合意

顧客（PII管理者など）

PII（個人情報）

PII 処理者

合意後の移転

PII（個人情報）

外国にある組織

B.8.5.2 PIIの移転が可能な国及び国際的な組織

B.8.5.2 PIIの移転が可能な国及び国際的な組織は、自社として、PII（個人情報）の移転を許可する外国及びその国にある組織の文書化に関する管理策が規定されています。

▶▶ B.8.5.2 PIIの移転が可能な国及び国際的な組織

B.8.5.2 PIIの移転が可能な国及び国際的な組織は、PII（個人情報）の移転が可能な国及び国際的な組織を規定し、文書化することを要求しています。

すなわち、A.7.5.2 PIIの移転が可能な国及び国際的な組織と同様に、自社として、PII（個人情報）を移転することを許可する、国及びその国にある第三者（PII処理下請負者等）を文書化することを求めています。

▶▶ 関連する日本の個人情報保護法

B.8.5.2 PIIの移転が可能な国及び国際的な組織に関連する、個人情報保護に関する法律の条項はありません。

▶▶ B.8.5.2 PIIの移転が可能な国及び国際的な組織に関する実施の手引き

箇条8 PII処理者のためのISO/IEC 27002の追加の手引では、B.8.5.2 PIIの移転が可能な国及び国際的な組織について、以下のように補足しています。

- 通常の運用において、PII（個人情報）の移転が可能な国及び国際的な組織がどこであるかを顧客にわかるようにしておくことが望ましい
- PII処理下請負者の利用から生じた国がどこであるかも含めることが望ましい
- 含まれる国を、8.5.1との関連で考慮することが望ましい
- 通常の運用以外に、当該国を事前に規定できないか、又は法執行機関の調査

の秘密保持のために該当する法域によって移転先を明らかにすることが禁止されている移転が、法執行機関の要請によって行われる場合があり得る

▶▶ B.8.5.2 PIIの移転が可能な国及び国際的な組織の実現方法

この管理策の実現方法としては、**B.8.5.1法域間でのPII移転の根拠**と整合を図り実現することが期待されます。**A.7.5.2 PIIの移転が可能な国及び国際的な組織**と同様に、**個人情報取扱規程**のような文書に、自社として、PII（個人情報）を移転することを許可する、国及びその国にある組織（PII処理下請負者等）に関する、以下の手順を確立することが期待されます。

- 自社として、PII（個人情報）の移転を許可する組織（PII処理下請負者等）及びその国
- PII（個人情報）を移転する根拠（B 8.5.1）

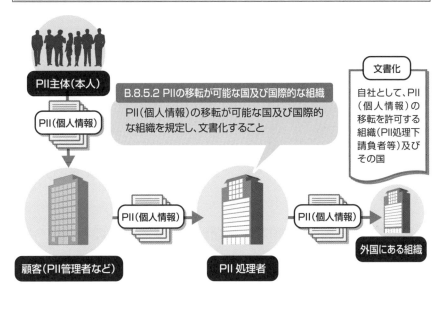

B.8.5.2 PIIの移転が可能な国及び国際的な組織とは

PII主体（本人）

PII（個人情報）

B.8.5.2 PIIの移転が可能な国及び国際的な組織
PII（個人情報）の移転が可能な国及び国際的な組織を規定し、文書化すること

文書化
自社として、PII（個人情報）の移転を許可する組織（PII処理下請負者等）及びその国

顧客（PII管理者など）

PII（個人情報）

PII 処理者

PII（個人情報）

外国にある組織

第7章 ISO／IEC 27701の規格要求事項を理解する③ 附属書Bの管理策

7-16

B.8.5.3 第三者へのPII開示の記録

B.8.5.3 第三者へのPII開示の記録は、PII（個人情報）を第三者に開示した際の記録に関する管理策が規定されています。

▶▶ B.8.5.3 第三者へのPII開示の記録

B.8.5.3 第三者へのPII開示の記録は、どのPII（個人情報）を開示したか、誰にいつ開示したかを含め、PII（個人情報）の第三者への開示を記録することを要求しています。

すなわち、**A.7.5.4 第三者へのPII開示の記録**と同様に、通常の運用上での開示のみならず、適法な調査や外部監査等によって開示した場合も含め、**PII（個人情報）を第三者に開示した場合の記録を作成すること**を求めています。

▶▶ 関連する日本の個人情報保護法

B.8.5.3 第三者へのPII開示の記録に関連する、**個人情報保護に関する法律**の条項は、前述したように、日本の法律では、第三者への開示も、第三者への提供にあたるので、**第25条　第三者提供に係る記録の作成等**が該当します。

なお、第25条では、「個人情報取扱事業者は、個人データを第三者に提供したときは、当該個人データを提供した年月日、当該第三者の氏名又は名称その他の個人情報保護委員会規則で定める事項に関する記録を作成しなければならない。」としています。

▶▶ B.8.5.3 第三者へのPII開示の記録に関する実施の手引き

箇条8 PII処理者のためのISO/IEC 27002の追加の手引におけるB.8.5.3は、**A.7.5.4 第三者へのPII開示の記録**と同じ内容です。

▶▶ B.8.5.3 第三者へのPII開示の記録の実現方法

　この管理策の実現方法としては、**A.7.5.4 第三者へのPII開示の記録**と同様に、**個人情報取扱規程**のような文書に、第三者への開示に関する、以下の手順を確立することが期待されます。

- 社として、開示を許可する第三者
- 上記の第三者への開示を許可する根拠
- 上記の開示に関する顧客（PII管理者等）から同意を得る方法
- 開示を行った際の記録（**第25条　第三者提供に係る記録の作成等**で求められる記録の内容を含む）
- 開示を行った際の記録保管期間（**第25条　第三者提供に係る記録の作成等**で求められる記録の保管期間を考慮）

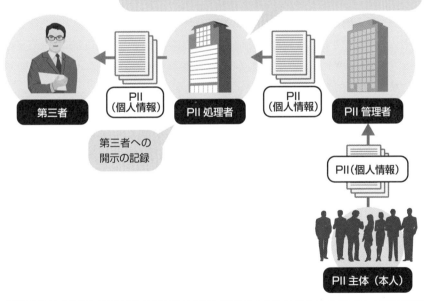

B.8.5.3 第三者へのPII開示の記録とは

B.8.5.3 第三者へのPII開示の記録

どのPII（個人情報）を開示したか、誰にいつ開示したかを含め、PII（個人情報）の第三者への開示を記録すること

第三者　←　PII（個人情報）　←　PII 処理者　←　PII（個人情報）　←　PII 管理者　←　PII（個人情報）　←　PII 主体（本人）

第三者への開示の記録

7-17

B.8.5.4 PII開示要請の通知

B.8.5.4 PII開示要請の通知は、何らかの法的拘束力のあるPII（個人情報）の開示要請を受けた場合の通知に関する管理策が規定されています。

▶▶ B.8.5.4 PII開示要請の通知

B.8.5.4 PII開示要請の通知は、PII（個人情報）の開示に関する何らかの法的拘束力のある要請について、顧客に通知することを要求しています。

すなわち、**法執行機関などからのPII（個人情報）の開示要請を受けた場合の、顧客への通知手順を確立すること**を求めています。

▶▶ 関連する日本の個人情報保護法

B.8.5.4 PII開示要請の通知に関連する、**個人情報保護に関する法律**の条項はありません。

なお、**個人情報保護に関する法律の第28条 開示**では、本人が個人情報取扱事業者に開示請求を行う権利と、個人情報取扱事業者がその請求に対応することは規定されていますが、法的拘束力のある開示要請や、その通知などについては規定されておらず、直接的な関連はありません。

▶▶ B.8.5.4 PII開示要請の通知に関する実施の手引き

箇条8 PII処理者のためのISO/IEC 27002の追加の手引では、B.8.5.4 PII開示要請の通知について、以下のように補足しています。

- PII（個人情報）の開示に関して法的拘束力のある要請を（例えば、法執行機関から）受ける可能性がある
- これらの場合、合意された期間内に合意された手順（これは顧客との契約に含めることができる）に従って、そうした要請について顧客に通知するこ

とが望ましい

- 場合によっては、法的拘束力のある要請は、組織が当該開示要請について誰にも通知しないという要求事項を含んでいる（可能性のある開示禁止の例は、法執行機関の調査の秘密保持のための刑法上の禁止である）

▶▶ B.8.5.4 PII開示要請の通知の実現方法

この管理策の実現方法としては、**個人情報取扱規程のような文書又は顧客との契約文書**で、以下の手順を確立することが期待されます。

- 顧客（PII管理者等）から預託されているPII（個人情報）について、法的拘束力のある開示要請を受けた場合の、顧客（PII管理者等）への通知手順

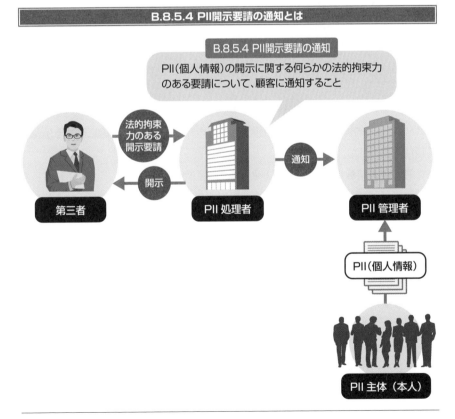

B.8.5.4 PII開示要請の通知とは

B.8.5.4 PII開示要請の通知
PII(個人情報)の開示に関する何らかの法的拘束力のある要請について、顧客に通知すること

法的拘束力のある開示要請

開示

通知

第三者 　　PII 処理者 　　PII 管理者

PII(個人情報)

PII 主体（本人）

B.8.5.5 法的拘束力のあるPII の開示

B.8.5.5 法的拘束力のあるPIIの開示は、PII（個人情報）の第三者からの開示要請への対応に関する管理策が規定されています。

▶▶ B.8.5.5 法的拘束力のあるPIIの開示

B.8.5.5 法的拘束力のあるPIIの開示は、法的拘束力のないPII（個人情報）の開示の要請を拒否し、いかなる開示に対しても、PII（個人情報）を開示する前に該当する顧客に相談し、当該顧客によって認可されたPII（個人情報）の開示に関する契約で合意された要件を受け入れることを要求しています。

すなわち、**法的拘束力のないPII開示の要請を拒否すること、全ての開示について、顧客（PII管理者）に相談し、合意を得ること**を求めています。

▶▶ 関連する日本の個人情報保護法

B.8.5.5 法的拘束力のあるPIIの開示に関連する、**個人情報保護に関する法律**の条項はありません。

なお、**個人情報保護に関する法律の第28条 開示**では、本人が個人情報取扱事業者に開示請求を行う権利と、個人情報取扱事業者がその請求に対応することは規定されていますが、あらゆる開示請求について顧客（PII管理者等）に相談することや合意を得ることは規定されておらず、直接的な関連はありません。

▶▶ B.8.5.5 法的拘束力のあるPIIの開示に関する実施の手引き

箇条8 PII処理者のためのISO/IEC 27002の追加の手引では、B.8.5.5 **法的拘束力のあるPIIの開示**について、以下のように補足しています。

- 管理策の実施に関連する詳細は、顧客との契約に含み得る。
- こうした要請は、裁判所、仲裁裁判所及び行政機関などいくつかの要請元に由来し得る。これは、全ての法域で発生し得る。

▶▶ B.8.5.5 法的拘束力のあるPIIの開示の実現方法

この管理策の実現方法としては、**個人情報取扱規程**のような文書に、PII（個人情報）の開示に関する、以下の手順を確立することが期待されます。

- 顧客（PII管理者）から預託されているPII（個人情報）について、法的拘束力のない開示要請を拒否するための手順
- 顧客（PII管理者）から預託されているPII（個人情報）について、あらゆる開示要請を受けた場合の、顧客（PII管理者）への事前相談及び承認を得るための手順

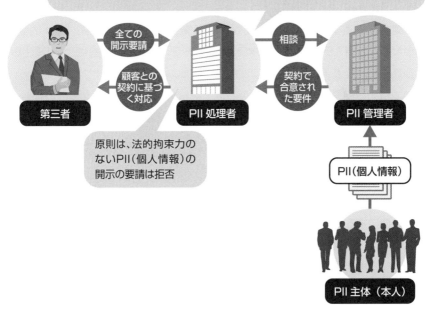

B.8.5.5 法的拘束力のあるPIIの開示とは

B.8.5.5 法的拘束力のあるPIIの開示

法的拘束力のないPII（個人情報）の開示の要請を拒否し、いかなる開示に対しても、PII（個人情報）を開示する前に該当する顧客に相談し、当該顧客によって認可されたPII（個人情報）の開示に関する契約で合意された要件を受け入れること

全ての開示要請

相談

顧客との契約に基づく対応

契約で合意された要件

第三者

PII 処理者

PII 管理者

原則は、法的拘束力のないPII（個人情報）の開示の要請は拒否

PII（個人情報）

PII 主体（本人）

7-19
B.8.5.6 PIIの処理に使用する下請負者の開示

B.8.5.6 PIIの処理に使用する下請負者の開示は、PIIを処理するために下請負者を使用する場合の、顧客への事前開示に関する管理策が規定されています。

▶▶ B.8.5.6 PIIの処理に使用する下請負者の開示

B.8.5.6 PIIの処理に使用する下請負者の開示は、PII（個人情報）を処理するために下請負者を使用することを、使用前に顧客（PII管理者等）に開示することを要求しています。すなわち、**PII（個人情報）の処理に関する再委託を行う場合は、その旨を事前に顧客（PII管理者等）に通知すること**を求めています。

▶▶ 関連する日本の個人情報保護法

B.8.5.6 PIIの処理に使用する下請負者の開示に直接的に関連する、**個人情報保護に関する法律**の条項はありませんが、**第21条 委託先の監督**では、「個人情報取扱事業者は、個人データの取扱いの全部又は一部を委託する場合は、その取扱いを委託された個人データの安全管理が図られるよう、委託を受けた者に対する必要かつ適切な監督を行わなければならない。」としており、PII処理者がPII処理下請負者を監督するという側面では、間接的に関連しています。

▶▶ B.8.5.6 PIIの処理に使用する下請負者の開示に関する実施の手引き

箇条8 PII処理者のためのISO/IEC 27002の追加の手引では、**B.8.5.6 PIIの処理に使用する下請負者の開示**について、以下のように補足しています。

- 顧客との契約には、PII（個人情報）を処理するための下請負者の使用に関する規定を含めることが望ましい
- 開示される情報は、下請負を使用しているという事実及び関連する下請負者の名称を網羅することが望ましい。

- 開示する情報は、下請負者からのデータ移転が可能な国及び国際的な組織、並びに下請負者が組織の義務、又はそれを超える義務を果たす手段も含むことが望ましい
- 下請負者の情報の開示が、許容限度を超えてセキュリティリスクを増大させると判断される場合、開示は、守秘義務契約のもとで及び／又は顧客の要請に基づいて行うこと。顧客には、そうした情報が利用できることを認識させることが望ましい
- これは、PII（個人情報）の移転が可能な国のリストとは関係がない。このリストは、いかなる場合にも、関連するPII主体（本人）に通知が可能となるような方法で顧客に開示することが望ましい

B.8.5.6 PIIの処理に使用する下請負者の開示の実現方法

この管理策の実現方法としては、**個人情報取扱規程**のような文書に、**再委託を行う際の、顧客（PII管理者）への事前通知に関する手順**を確立することが期待されます。

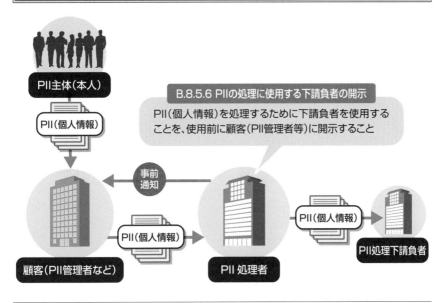

B.8.5.6 PIIの処理に使用する下請負者の開示とは

PII主体（本人）

PII（個人情報）

B.8.5.6 PIIの処理に使用する下請負者の開示
PII（個人情報）を処理するために下請負者を使用することを、使用前に顧客（PII管理者等）に開示すること

事前通知

PII（個人情報）

PII（個人情報）

顧客（PII管理者など）　PII 処理者　PII処理下請負者

7-20
B.8.5.7 PIIを処理する下請負者の関与

B.8.5.7 PIIを処理する下請負者の関与は、顧客との契約に従ってPIIを処理するために下請負者のみを関与させるための管理策が規定されています。

▶▶ B.8.5.7 PIIを処理する下請負者の関与

B.8.5.7 PIIを処理する下請負者の関与は、顧客との契約に従ってPII（個人情報）を処理するために、下請負者のみを関与させることを要求しています。

すなわち、PIIの処理を再委託する場合に、**顧客からの許可を得た、下請負者のみを使用すること**を求めています。

▶▶ 関連する日本の個人情報保護法

B.8.5.7 PIIを処理する下請負者の関与に関連する、**個人情報保護に関する法律**の条項は、**第21条 委託先の監督**が該当します。

なお、第21条では、「個人情報取扱事業者は、個人データの取扱いの全部又は一部を委託する場合は、その取扱いを委託された個人データの安全管理が図られるよう、委託を受けた者に対する必要かつ適切な監督を行わなければならない。」としています。

▶▶ B.8.5.7 PIIを処理する下請負者の関与に関する実施の手引き

箇条8 PII処理者のためのISO/IEC 27002の追加の手引では、**B.8.5.7 PIIを処理する下請負者の関与**について、**A 7.2.6 PII処理者との契約**の手引きに追加して、以下を補足しています。

- 当該PII（個人情報）の処理の一部又は全てを別の組織に下請負させる場合は、当該下請負者がPIIを処理する前に、顧客からの書面による許可が必要である。これは、顧客との契約の適切な箇条の形式、又は特定の"1回限り

の"契約とする場合がある

- PII（個人情報）処理のために自らの代わりに使用する下請負者と書面で契約すること、下請負者とのそれらの契約が、附属書Bの適切な管理策の実施に確実に対処することが望ましい。

▶▶ B.8.5.7 PIIを処理する下請負者の関与の実現方法

この管理策の実現方法としては、**個人情報取扱規程**のような文書に、PII（個人情報）の処理の再委託に関する、以下の手順を確立することが期待されます。

- 再委託に関する、顧客からの書面による許可を得る手順
- 再委託先との契約に関する手順

なお、この再委託先との契約については、附属書Bの管理策の全てを再委託先が実施することを前提に、必要な条文を盛り込むことが望ましいでしょう。

B.8.5.7 PIIを処理する下請負者の関与とは

PII主体（本人）

PII（個人情報）

B.8.5.7 PIIを処理する下請負者の関与
顧客との契約に従ってPII（個人情報）を処理するために、下請負者のみを関与させること

顧客からの許可を得た、下請負者のみを使用

使用に関する事前の通知

書面による許可

許可後の再委託

顧客（PII管理者など）

PII 処理者

PII処理下請負者

B.8.5.8 PIIを処理する下請負者の変更

B.8.5.8 PIIを処理する下請負者の変更は、PIIを処理する下請負者を追加又は変更する場合の顧客への通知に関する管理策が規定されています。

▶▶ B.8.5.8 PIIを処理する下請負者の変更

B.8.5.8 PIIを処理する下請負者の変更は、書面による包括的な権限付与がなされている場合に、PII（個人情報）を処理する下請負者の追加又は変更する意図があれば顧客に通知し、そのような変更に異議を申し立てる機会を顧客に与えることを要求しています。

すなわち、PII（個人情報）の処理を行う再委託先を追加又は変更する場合に、**顧客にその旨を通知し、許可を得ること**を求めています。

▶▶ 関連する日本の個人情報保護法

B.8.5.8 PIIを処理する下請負者の変更に関連する、**個人情報保護に関する法律**の条項はありませんが、前述した**第21条 委託先の監督**では、「個人情報取扱事業者は、個人データの取扱いの全部又は一部を委託する場合は、その取扱いを委託された個人データの安全管理が図られるよう、委託を受けた者に対する必要かつ適切な監督を行わなければならない。」としており、PII処理者がPII処理下請負者を監督するという側面では、間接的に関連しています。

▶▶ B.8.5.8 PIIを処理する下請負者の変更に関する実施の手引き

箇条8 PII処理者のためのISO/IEC 27002の追加の手引では、B.8.5.8 PIIを**処理する下請負者の変更**について、以下のように補足しています。

- 当該PIIの処理の一部又は全てを下請負している組織を変更する場合は、新しい下請負者がPII（個人情報）を処理する前に、その変更に関して顧客か

らの書面による許可が必要である

■ これは、顧客との契約の適切な箇条の形式、又は特定の "1回限りの" 契約
とする場合がある

▶▶ B.8.5.8 PIIを処理する下請負者の変更の実現方法

この管理策の実現方法としては、**個人情報取扱規程**のような文書に、PII（個人
情報）の処理の再委託に関する、以下の手順を確立することが期待されます。

■ 顧客（PII管理者）から預託されているPII（個人情報）の処理に関する再委
託先を変更する場合の、顧客（PII管理者）への事前通知の手順

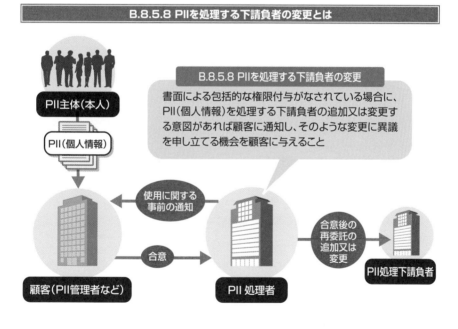

B.8.5.8 PIIを処理する下請負者の変更とは

PII主体（本人）

PII（個人情報）

B.8.5.8 PIIを処理する下請負者の変更

書面による包括的な権限付与がなされている場合に、
PII（個人情報）を処理する下請負者の追加又は変更す
る意図があれば顧客に通知し、そのような変更に異議
を申し立てる機会を顧客に与えること

使用に関する
事前の通知

合意

合意後の
再委託の
追加又は
変更

顧客（PII管理者など）

PII 処理者

PII処理下請負者

改正個人情報保護法のポイント

　本書にも登場する、個人情報保護法は、直近の改正は、令和2年（2020年）6月に行われました。主要な改正のポイントは以下の通りです。

① 個人（本人）の権利の確保
- 　本人が、その情報の利用停止や消去を求める場合の条件の緩和
- 　本人が、保有個人データの開示等を求める場合に、電磁的記録を含めた開示方法を本人が指示できるよう改正

② 事業者の責務の強化
- 　個人情報の不適正な利用の禁止
- 　漏えい等の事故が発生した場合の報告を義務化
- 　第三者提供の制限の条件強化

③ 仮名加工情報を新設
- 　仮名加工情報の定義と管理方法を新設
- 　cookieなどにより取得されるユーザーデータ（個人関連情報）を第三者提供されることへの対策

④ 罰則の強化
- 　個人情報保護委員会の命令に違反した場合や、個人情報データベース等を、不正な利益のために提供又は盗用した場合、法人には1億円以下の罰金刑（法定刑の大幅な引上げ）

　なお、④罰則の強化は令和2年（2020年）12月に既に施行されており、②事業者の責務の強化のうち、第三者提供の制限の条件強化は、令和3年（2021年）10月から施行、その他の改正は令和4年（2022年）4月1日に全面施行される予定です。

第 **8** 章

プライバシー情報 マネジメントシステム （PIMS）を構築する

前章までは、プライバシー情報マネジメントシステム （PIMS）を構築するための基礎知識として、ISO/IEC 27701:2019 の規格要求事項の内容について解説してきました。

この章からは、ISO/IEC 27701:2019 に基づくプライバシー情報マネジメントシステム（PIMS）を構築するための具体的なステップについて解説していきます。

8-1

PIMSの構築及び導入ステップ

ここでは、ISO/IEC 27701:2019に基づく、プライバシー情報マネジメントシステム（PIMS）の構築及び導入のステップを解説します。自社の特性に応じたPIMSを構築することが成功のポイントです。

▶▶ PIMSの構築ステップ

ISO/IEC 27701:2019に基づく、プライバシー情報マネジメントシステム（PIMS）の構築及び導入のステップは、①PIMSの推進体制の確立、②PIMSの適用範囲の決定、③情報セキュリティ方針（プライバシー方針）の策定、④プライバシーリスクアセスメントの実施、⑤プライバシー情報マネジメントを確立するためのGap&Fit分析、⑥プライバシー情報マネジメントの文書化、⑦PIMSの導入教育となります。

▶▶ ①PIMSの推進体制を確立する

PIMSの推進体制の確立とは、PIMSの確立、推進、維持、その成果の報告に必要な要員の任命やチームの設置、PIMSの適合性および有効性の判定、その結果を報告するために必要な要員の任命やチームの設置などのPIMSの攻めと守りの体制を確立することを指します。

▶▶ ②PIMSの適用範囲を決定する

PIMSの管理の対象を明確にするために、組織の状況や利害関係者の要求事項など、必要なインプットに基づき、PIMSの適用範囲と境界線を明文化します。

▶▶ ③情報セキュリティ方針（プライバシー方針）を策定する

自社の情報セキュリティやプライバシー保護に関する原則や方向性を明確にするための**基本方針**を策定することを指します。

④プライバシーリスクアセスメントを実施する

PII（個人情報）やその取扱いに対する情報セキュリティリスクやプライバシーリスクを明確にし、分析・評価し、その管理方針を決定することを指します。

⑤プライバシー情報マネジメントを確立するためのGap&Fit分析

ISO/IEC 27701:2019の附属書A及びBの管理策とのGapを分析し、実現のための基本要件を決定することを指します。

⑥プライバシー情報マネジメントを文書化する

⑤のGap&Fit分析で決定した基本要件に基づき、プライバシー情報マネジメントの手順を明文化することを指します。

⑦PIMSの導入教育を実施する

⑥で策定したプライバシー情報マネジメント文書を実際の業務に適用するための教育を実施することを指します。

PIMSの導入のステップ

PIMSの推進体制の確立	本章の8-2で解説
PIMSの適用範囲の決定	本章の8-3で解説
情報セキュリティ方針（プライバシー方針）の策定	本章の8-4で解説
プライバシーリスクアセスメントの実施	本章の8-5〜6で解説
プライバシー情報マネジメントを確立するためのGap &Fit分析	本章の8-7で解説
プライバシー情報マネジメントの文書化	本章の8-8で解説
PIMSの導入教育の実施	本章の8-9で解説

第8章 プライバシー情報マネジメントシステム（PIMS）を構築する

8-2

PIMSの推進体制を確立する

PIMS管理責任者リーダーとPIMS推進チームが中心となって、プライバシー情報マネジメントシステム（PIMS）の確立、推進、維持、報告の役割を担います。

▶▶ 主要な役割

トップマネジメントが任命すべき、プライバシー情報マネジメントシステム（PIMS）に関する主要な役割は、PIMSを確立、推進、維持し、その結果と成果をトップマネジメントに報告する役割と、PIMSの適合性や有効性を判定しトップマネジメントに報告する役割の2つに大別されます。

なお、PIMSの攻めの要は、**PIMS管理責任者**と**PIMS推進チーム**であり、PIMSを構築し、導入し、維持する役割を担います。

また、PIMSの守りの要は、**PIMS内部監査責任者**と **PIMS内部監査チーム**で、PIMSの適合性および有効性を判定するためにPIMS内部監査を実施し、トップマネジメントへの報告の役割を担います。

▶▶ PIMS管理責任者の役割

一般的なマネジメントシステムの管理責任者や推進リーダーの役割は、トップマネジメントによって組織のマネジメント層のなかから任命され、①PIMSに必要なプロセスの確立、実施および維持を確実にすること、②PIMSの成果を含む実施状況および改善の必要性の有無についてトップマネジメントに報告すること、③組織全体にわたって、プライバシー情報マネジメントに対する認識を高めることを確実にすることです。したがって、この**PIMS管理責任者**が、PIMSを構築、導入するための推進的な役割を担います（必要に応じ**PIMS推進チーム**などを設置して）。

▶▶ PIMS推進チームの主要な役割

PIMS推進チームの主要な役割は、適用範囲を決定する上で必要な情報の収集

や課題の特定、情報セキュリティリスクアセスメントやプライバシーリスクアセスメント、プライバシー影響評価（PIA）の手法の決定と実施（又は各部門への実施の指示と指揮監督）、リスク対応を決定する上で必要な情報の各部門への提供、プライバシー保護に関する適用法令の特定と管理、PIMS文書の維持管理、教育訓練計画の策定と実施管理、認識向上プログラムの策定と実施、マネジメントレビューのインプットの作成とトップマネジメントへの報告、PIMSの全体にかかわる是正処置の立案、実施、報告などがあります。

▶▶ PIMS内部監査に関する役割

　PIMS内部監査責任者とPIMS内部監査チームの主要な役割は、PIMS内部監査の計画、実施、報告、内部監査員の育成等です。詳しくは、次の章（第9章 プライバシー情報マネジメントシステム（PIMS）をレビューする）で解説します。

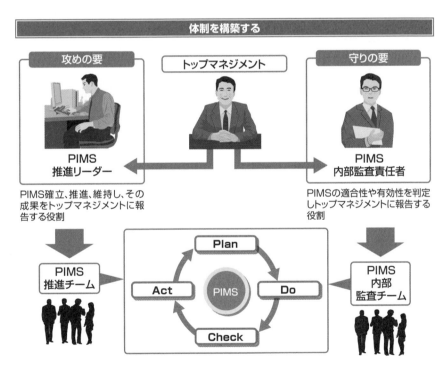

第8章　プライバシー情報マネジメントシステム（PIMS）を構築する

8-3

PIMSの適用範囲を決定する

ここでは、ISO 27701:2019に基づく、プライバシー情報マネジメントシステム（PIMS）の適用範囲を定義する上で必要な事項について解説します。

▶▶ 適用範囲を決定する上での規格要求事項①

PIMSのベースとなる、情報セキュリティマネジメントシステム（ISMS）の適用範囲を決定するための規格要求事項は、前述したように、**ISO/IEC 27001:2013の4.3 情報セキュリティマネジメントシステムの適用範囲の決定**に規定されており、以下を考慮して、情報セキュリティマネジメントシステム（ISMS）の適用範囲を決定することを求めています。

- 自社を取り巻く状況（外部及び内部の課題）：箇条4.1
- 顧客やオーナー、株主などを含む、利害関係者のニーズや期待：箇条4.2
- 適用される法令及び規制要求事項：箇条4.2
- 組織が実施する活動と他の組織が実施する活動との間のインターフェース及び依存関係

▶▶ 適用範囲を決定する上での規格要求事項②

上記に加え、ISO/IEC 27701:2019では、以下を追加することを求めています。

- **自社の状況に関連する外部及び内部要因とPIMSの意図した成果を達成する自身の能力に影響を与える外部及び内部要因**を明確にすること（適用されるプライバシー法や適用される契約上の要求事項など）：箇条5.2.1
- 利害関係者にPII主体（本人）を含め、PII（個人情報）の処理に関連して利害又は責任をもつ関係者を含めること：箇条5.2.2
- PIMSの適用範囲を定めるときに、PII（個人情報）の処理を含むこと：箇条5.2.2

▶▶ 適用範囲の決定及び文書化

　上記の規格要求事項及び規格要求事項を考慮して、プライバシー情報マネジメントシステムの適用範囲を決定し、文書化します。

　なお、プライバシー情報マネジメントシステムの適用範囲で定義する内容は、PIMSの対象となる事業、サイト／事業所、部門（活動やプロセス）が含まれます。

　また、**ISO/IEC 27701:2019の箇条5.2.1**では、自らの役割を、PII管理者及び／又はPII処理者として決定することを求めていますので、PII管理者としてISO/IEC 27701:2019の認証を取得するのか、PII処理者としてISO/IEC 27701:2019の認証を取得するのか、また、PII管理者とPII処理者の両方としてISO/IEC 27701:2019の認証を取得するのかを明確にする必要があります。

PIMSの適用範囲を決定する

**情報セキュリティマネジメントシステム（ISMS）の
適用範囲を決定するための規格要求事項**
（ISO/IEC 27001:2013の4.3 情報セキュリティマネジメントシステムの適用範囲の決定）

ISMSの適用範囲

**プライバシー情報マネジメントシステム（PIMS）の
適用範囲を決定するための規格要求事項**
ISO/IEC 27701:2019の5.2.3 情報セキュリティマネジメントシステムの適用範囲の決定）

PIMS の適用範囲

- PII管理者としてISO/IEC 27701:2019の認証を取得するのか
- PII処理者としてISO/IEC 27701:2019の認証を取得するのか
- PII管理者とPII処理者の両方としてISO/IEC 27701:2019の認証を取得するのか

第8章　プライバシー情報マネジメントシステム（PIMS）を構築する

8-4
情報セキュリティ方針（プライバシー方針）を策定する

情報セキュリティ方針（プライバシー方針）は、自社の情報セキュリティやプライバシー保護に関する原則や基本的な考え方を示す文書であり、トップマネジメントにより制定されます。

▶▶ 情報セキュリティ方針を策定する

情報セキュリティ方針とは、自社のISMSにおける目的や方向性、基本的な取組み、及び情報セキュリティマネジメントに関するトップマネジメントの考え方や基本原則を示す公式な文書を指します。情報セキュリティ方針について、**ISO/IEC 27001:2013の5.2 方針**では、以下を満たすことを求めています。

- 自社の目的に対して適切であること
- 情報セキュリティ目的を含むか、情報セキュリティ目的を設定するための枠組みを提供すること
- 情報セキュリティに関連する適用される要求事項を満たすことへのコミットメントを含むこと
- ISMSの継続的改善へのコミットメントを含むこと

▶▶ プライバシー方針を追加する

ISO/IEC 27701:2019の箇条5.3.2 方針では、"情報セキュリティ"に言及しているISO/IEC 27001:2013の要求事項を、PII（個人情報）の処理により影響を受ける可能性があるプライバシーの保護へ拡張することを求めています。具体的には、上記の**情報セキュリティ方針**を、**情報セキュリティ及びプライバシー方針**として、プライバシー保護の原則も追加することを求めています。

また、**ISO/IEC 27701:2019の箇条6.2.1.1 情報セキュリティのための方針群**でも、以下に関する文書を、責任を明確に割り当てるようなものとして、別建

てのプライバシー方針群の開発又は情報セキュリティ方針群の増強のいずれかによって作成することが望ましいとしています。

- 適用されるPII（個人情報）保護の法令及び／又は規制の順守
- 組織及びその取引相手、その下請負者及び該当する第三者（顧客、供給者など）の間で合意された契約条件の順守を達成するための支援及びコミットメント

情報セキュリティ方針（プライバシー方針）を策定する

情報セキュリティ方針に関する規格要求事項
（ISO/IEC 27001:2013 の5.2 方針）

＋

プライバシー方針に関する規格要求事項
（ISO/IEC 27701:2019 の箇条5.3.2 方針）

↓

情報セキュリティ及びプライバシー方針

- 自社の目的に対して適切であること
- 情報セキュリティ及びプライバシー目的を含むか、情報セキュリティ及びプライバシー目的を設定するための枠組みを提供すること
- 適用される個人情報保護の法令規制要求事項を含む、情報セキュリティに関連する適用される要求事項を満たすことへのコミットメントを含むこと
- 利害関係者と合意された契約条件の順守を達成するための支援及びコミットメントを含むこと
- PIMSの継続的改善へのコミットメントを含むこと

第8章　プライバシー情報マネジメントシステム（PIMS）を構築する

8-5
プライバシーリスクアセスメントを実施する①
PII（個人情報）の処理に関する業務の整理

プライバシーリスクアセスメントを実施する前に、PII（個人情報）の処理に関する業務の適正化を行うことが、効果的かつ効率的なアセスメントの成功のポイントです。

▶▶ プライバシーリスクアセスメントのステップ

ISO/IEC 27701:2019の箇条5.4.1.2 情報セキュリティリスクアセスメントでは、情報セキュリティリスクアセスメントに加え、**プライバシーリスクアセスメント**を実施することを求めています。

プライバシーリスクアセスメントとは、PII主体（本人）のプライバシー侵害や権利行使に対するリスク、過度なPII（個人情報）の収集などのプライバシー保護に関する法令不順守などのリスクを取り扱うアセスメントを指します。

ここでは、PII（個人情報）に対する情報セキュリティリスクに加え、プライバシーリスクも考慮した、プライバシーリスクアセスメントの実施に関して解説します。

なお、プライバシーリスクアセスメントのステップは、①PII（個人情報）の処理に関する業務の整理、②脅威の特定、③ぜい弱性の特定、④影響の特定、⑤リスク分析・評価の5つのステップで実施します。

▶▶ PII（個人情報）の処理に関する業務の整理

管理の対象となるPII（個人情報）を効果的かつ効率的に特定するためには、**PII（個人情報）の処理に関する業務を整理すること**が必要です。

なお、PII（個人情報）の処理に関する業務を整理することとは、業務プロセスの中にあるPII（個人情報）を洗い出し、PII（個人情報）ごとに**取得から入力・更新、移送・送信、参照、加工・複写、保管（一時、最終）、バックアップ、消去・廃棄**までのライフサイクルを明確にすることを指します。この方法を実施するメリットは、**PII（個人情報）を漏れがなく、網羅的に特定できる**ことと、その後に実施す

る脅威の特定を効率的に実現できることです。また、この作業を通じて、PII（個人情報）の取り扱い業務の適正化を実現することも可能です。例えば、本当にこのコピーは必要か、本来この保管は必要かのような検討が可能になります。例えば、それらのコピーや分散保管などの処理の中には昔からやっているからなど、旧来有効だった処理が現在では必要ないにもかかわらず実施しているケースがよく見られます。このような現在は必要としないPII（個人情報）の取り扱いプロセスを見直すことが、この作業を通じて可能となります。

▶▶ 特定されたPII（個人情報）の管理方法

　PII（個人情報）の処理に関する業務の整理が終了すると、次は、そこで洗い出されたPII（個人情報）を特定します。すなわち、管理の対象を明確にするために「個人情報管理台帳」のような文書に登録します。「個人情報管理台帳」の項目の例としては、①PII（個人情報）の名称、②利用目的（処理の目的）と根拠、管理責任者、③保管場所、④保管方法、⑤保管期限、⑥廃棄期限などが考えられます。

PII（個人情報）の処理に関する業務の整理

PII（個人情報）の処理に関する業務	特定されたPII（個人情報）	項目
①お客様が記入した「サービスお申込書」の取得	「サービスお申込書」	氏名、住所、電話番号、eMail アドレス
②「サービスお申込書」に基づき、会員登録	「お客様管理システムのマスターデータ」	氏名、住所、電話番号、eMail アドレス、会員番号
③入力後の「サービスお申込書」の保管	「サービスお申込書」	氏名、住所、電話番号、eMail アドレス
④入力後のお客様への登録完了のお知らせ（電子メール）	「登録完了のお知らせ」	氏名、住所、電話番号、eMail アドレス、会員番号
○○○○○○○○○○○○○○○○○○○○○○○○○○○○○○	○○○○○○○○○○○	○○○○○○○○○○○○○○○○○○○○○○○
○○○○○○○○○○○○○○○○○	○○○○○○○○○○○	○○○
⑰保管期限後の「サービスお申込書」の廃棄	「サービスお申込書」	氏名、住所、電話番号、eMail アドレス

8-6

プライバシーリスクアセスメントを実施する②
リスクの特定、分析及び評価

PII（個人情報）の処理に関する業務の整理の結果に基づき、リスクアセスメントを実施します。

▶▶ リスクの特定

PII（個人情報）の処理に関する業務の整理が終了すると、プライバシーリスクや情報セキュリティリスクを特定します。なお、リスクを特定することとは、PII（個人情報）の取扱プロセス（各処理）における、以下を特定することを指します。

- 想定される脅威
- その脅威の影響
- その脅威の発生を抑えるための現状の対策状況

例えば、PII（個人情報）の取扱プロセス（各処理）における、取得プロセスには、**過度なPII（個人情報）の収集**（利用目的の達成に必要な範囲を超えた、個人情報の項目の取得）のようなプライバシーリスクに関連する脅威が想定され、収集したPII（個人情報）の登録プロセスには、**誤入力**のような情報セキュリティリスクに関連する脅威が想定されます。

それらのプライバシーリスクや情報セキュリティリスクを特定するために、PII（個人情報）の処理に関する業務の整理で明確にした、**取得から入力・更新、移送・送信、参照、加工・複写、保管（一時、最終）、バックアップ、消去・廃棄**までのライフサイクルに関する情報を利用します。

▶▶ リスクの分析及び評価

リスクの特定結果に基づき、リスク分析を実施します。なお、リスクを分析することとは、以下に関する評価に基づき、リスク値（リスクの大きさ）を算出するこ

とを指します。

- ■ 想定される脅威の影響の大きさ
- ■ 想定される脅威の発生の可能性
- ■ 現状の対策レベル

　また、**ISO/IEC 27701:2019の箇条5.4.1.2 情報セキュリティリスクアセスメント**では、「特定されたリスクが実際に生じた場合に、組織とPII主体（本人）の両方に起こり得る結果についてアセスメントしなければならない」としていることから、脅威の影響を評価する際には、特にPII主体（本人）への影響を評価する必要があります。

　リスク分析の結果に基づき、リスク評価を行います。なお、リスクを評価することとは、リスク分析で算出されたリスク値を、自社で定めたリスク受容基準に照らして、リスク対応の選択肢を決定することを指します。

リスクアセスメント

PII(個人情報)の処理に関する業務	特定されたPII（個人情報）	想定される脅威		
①お客様が記入した「サービスお申込書」の取得	「サービスお申込書」	過度な個人情報の収集（プライバシーリスク）		
②「サービスお申込書」に基づき、会員登録	「お客様管理システムのマスターデータ」	登録情報の誤入力（情報セキュリティリスク）		
③入力後の「サービスお申込書」の保管	「サービスお申込書」	「申込書」の紛失・盗難（情報セキュリティリスク）		
④入力後のお客様への登録完了のお知らせ(電子メール)	「登録完了のお知らせ」	「お知らせメール」の誤送信（情報セキュリティリスク）		
○○○○○○○○○○○	○○○○○○○○○○	目的外利用（プライバシーリスク）		
⑰保管期限後の「サービスお申込書」の廃棄	「サービスお申込書」	「申込書」の誤廃棄（情報セキュリティリスク）		

第8章　プライバシー情報マネジメントシステム（PIMS）を構築する

8-7
プライバシー情報マネジメントを確立するためのGap&Fit分析

ISO 27701:2019の附属書A又は附属書Bに規定された管理策と現状の管理の方法を比較し、規格要求事項を実現するための基本要件を決定します。

▶▶ Gap&Fit分析の手法

プライバシー情報マネジメントの確立は、**Gap&Fit分析アプローチ**で実施することが望ましいでしょう。なお、Gap&Fit分析アプローチとは、**ISO/IEC 27701:2019の附属書A又は附属書Bに規定された管理策**と現状の管理の方法を対比してギャップを特定し、そのギャップを埋める作業を通じて、プライバシー情報マネジメントを確立する手法を指します。Gap&Fit分析アプローチのステップは、**プロセスマッピング、ギャップ分析、基本要件の決定**の3つのステップで実施されます。

▶▶ プロセスマッピング

プロセスマッピングとは、ISO/IEC 27701:2019の附属書A又は附属書Bに規定された管理策が、**現状のどの仕事や業務にあたるのかを特定すること**を指します。

なお、附属書Aを例にとると、利用目的（処理の目的）及び根拠の特定、利用目的（処理の目的）の通知及び同意、PII（個人情報）の取得、利用（処理）、利用の変更（処理の変更）、共同利用、移送、保管、廃棄、第三者提供、PII処理者の管理、PII主体（本人）に対する義務などの業務が想定されます。

▶▶ ギャップ分析及び基本要件の決定

ギャップ分析とは、プロセスマッピングで特定された各業務がISO/IEC 27701:2019の附属書A又は附属書Bに規定された管理策に**適合しているか否かを確認すること**を指します。例えば、図にあるように、「現状の管理の方法など」が該当する管理策に合致していれば"○"であり、合致していなければ"×"となります。また、"△"とは、基本的に現状の管理の方法は該当する管理策に合致し

ているが、その手順が文書化されていない（手順の文書化が必要な場合）、該当する管理策に合致しているが、その手順を実施した後に記録をとっていない（記録の作成、保持が必要な場合）や、該当する管理策に合致しているが、現状の管理の方法に課題がある、などが考えられます。

　ギャップ分析の結果、**×や△をどのように実現するかを決めることが、基本要件の決定**となります。

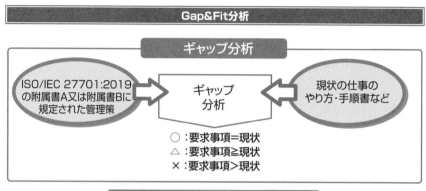

8-8 プライバシー情報マネジメントを文書化する

手順を文書化することとは、各プロセスに関する業務の流れ、業務の進め方、業務のやり方、判断基準、参照する資料や情報、及び作成する資料（記録）を明文化することを指します。

▶▶ 文書化の成功のポイント

ISO/IEC 27001:2013の**規格要求事項7.5.2 作成及び更新**では、適切な文書の形式や媒体を選択することは要求していますが、文書化の手段や及び文書体系などは要求していません。フローチャートやチェックリストなどを活用して、自社にとって利用しやすい形式で実現することが望ましいでしょう。

なお、手順を文書化することとは、**業務の流れ、業務の進め方、業務のやり方、判断基準、参照する資料や情報**、及び**作成する資料（記録）**を特定し、明文化することです。

したがって、文書化の成功のポイントは、単に形式的な規程や手順書を作成するのではなく、プライバシー情報マネジメントの各手順において、参照する社員が、具体的に、何をしなければならないのか？（又は何をしてはいけないのか？）、どのようにすべきか？（順序や判断基準など）を理解し、実行できることが重要です。

▶▶ 文書化の対象を決定する

文書化の対象は、**ISO/IEC 27001:2013の規格要求事項7.5.1 一般**では、規格要求事項や管理策で文書化が要求されているもの、及び**文書化されていないとプライバシー情報マネジメントの計画、運用及び管理に影響を与えるもの**になります。

なお、**ISO/IEC 27701:2019の附属書A**では、次を文書化することを求めています。

- PII（個人情報）の利用目的（処理の目的）（附属書A.7.2.1）
- PII（個人情報）の利用目的（処理の目的）の根拠（附属書A.7.2.2）
- PII主体（本人）から同意を得る手順（附属書A.7.2.3）
- PII主体（本人）に対する義務（附属書A.7.3.1）
- PII主体に提供する情報及び提供のタイミング（附属書A.7.3.2）
- PII主体からの正当な要請に対する対応手順（附属書A.7.3.9）
- PII（個人情報）を正確で、完全で、かつ最新にする手順（附属書A.7.4.3）
- PII（個人情報）のデータ最小化目標及び目標を達成するために使用する仕組み（附属書A.7.4.4）
- PII（個人情報）の一時ファイルの消去期限（附属書A.7.4.6）
- PII（個人情報）の処分に関する方針、手順及び／又は仕組み（附属書A.7.4.8）
- 法域間でのPII（個人情報）の移転に関連する根拠（附属書A.7.5.1）
- PIIの移転が可能な国及び国際的な組織（附属書A.7.5.2）

手順を文書化することとは

文書化の基本要件

プライバシー情報マネジメントの各手順において、参照する社員が、具体的に「何をしなければならないのか?（又は何をしてはいけないのか?）」、「どのようにすべきか（順序や判断基準など）?」、「誰が実施すべきか?」を理解し、実行できること

⇒フローチャートやチェックリストなどを活用して、組織にとって利用しやすい形式で実現すること

⇒プロセス（業務・作業・活動など）ごとに「その仕事の質を何によって担保するか（人の力量か?手順書か?）」を明確にしてから文書化

手順の確立・文書化

手順

- 業務の流れ
- 業務の進め方
- 業務のやり方
- 判断基準
- 参照する資料・情報
- 作成する資料（記録）
  etc.

文書化

XXマニュアル

運用

8-9

PIMSの導入教育を実施する

PIMS文書（方針、基本規程、各管理規程、書式）を作成し、制定すると、次は、実際の導入に移ります。ここでは、導入時に実施される導入教育を解説します。

▶▶ PIMS導入のための教育

プライバシー情報マネジメントの文書化が完了し、制定されると、次のステップは、プライバシー情報マネジメントシステムの適用範囲の社員に対する導入教育を実施します。導入教育の実施にあたり明確にすべきポイントは、**導入教育の対象、導入教育の手段、導入教育の実施者**になります。

▶▶ 導入教育の対象

導入教育の対象は、プライバシー情報マネジメントシステムの適用範囲内の社員であり、特にプライバシー情報マネジメント（PII管理者又はPII処理者としての活動）を行う社員（及び該当する場合は、それらの役割を担う外部の要員）が主となります。その教育内容は、以下のようなテーマが含まれます。

- プライバシー方針について
- プライバシー情報マネジメントシステムの目的及び概要について
- プライバシー情報マネジメントシステムの役割、責任及び権限について
- プライバシー情報マネジメントの手順や基準について

▶▶ 導入教育の手段及び実施者

導入教育の手段としては、**対象の要員を集めた、集合教育、eラーニングの活用、各部門で実施される規程などの読み合わせ**などが考えられます。

また、導入教育の実施者やテーマも、以下のようなものが考えられます。

- ■ トップマネジメントからの示達（プライバシー方針についての説明など）
- ■ 教育主管部門（総務部や人事部）による社内研修の実施
- ■ PIMS推進リーダーによる実施（プライバシー情報マネジメントシステムの目的及び概要の説明など）
- ■ PIMS推進チームによる実施（プライバシーリスクアセスメントやプライバシー影響評価などの専門技能研修など）

　ここで重要なポイントは、教育を受ける社員が各々の役割や責任の範囲、自らが実施すべきことと、実施する目的を正しく理解できるようにすることです。

PIMSの導入教育は

組織のプライバシー情報マネジメントシステム

- ■ プライバシー方針について
- ■ プライバシー情報マネジメントシステムの目的及び概要について
- ■ プライバシー情報マネジメントシステムの役割、責任及び権限について
- ■ プライバシー情報マネジメントの手順や基準について

導入教育の実施

プライバシー情報マネジメントシステムの適用範囲内の社員
特にプライバシー情報マネジメント（PII管理者又はPII処理者としての活動）を行う社員

導入教育の実施者の例

- ■トップマネジメントからの示達（プライバシー方針についての説明など）
- ■教育主管部門（総務部や人事部）による社内研修の実施
- ■PIMS推進リーダーによる実施（プライバシー情報マネジメントシステムの目的及び概要の説明など）
- ■PIMS推進チームによる実施（プライバシーリスクアセスメントやプライバシー影響評価などの専門技能研修など）

第8章　プライバシー情報マネジメントシステム（PIMS）を構築する

EU圏の法規制「GDPR」とは

　本書にも登場する、GDPRとは、正式名称を「General Data Protection Regulation」といい、日本では「一般データ保護規則」と呼ばれています。

　EU（EU加盟国及び欧州経済領域（EEA）の一部であるアイスランド、ノルウェー、リヒテンシュタイン）では、1995年から「EUデータ保護指令（Data Protection Directive 95）」をEU域内の個人データを保護する法律として適用していましたが、これに代わって、GDPRが2016年4月に制定され、2018年5月25日に施行されました。

　GDPRは、ISO27701と同様に、個人データの「管理者（Controller）」と「処理者（Processer）」それぞれに対して法的義務が規定されており、管理者は①適法性、公平性および透明性　②目的の限定　③個人データの最小化　④正確性　⑤保管の制限　⑥完全性および機密性の原則という6原則を順守し、その順守を証明する義務を負います。

　GDPRでは、EU域内の個人データを域外に移転することは原則として違法とされ、移転を許されるのは、個人データの保護水準について十分性認定された国、または標準契約条項（SCC）といった契約を取り交わした者、若しくは拘束的企業準則（BCR）をグループ企業内にて構築し、監督機関に認められた者となります。

　日本では、GDPRが制定された2016年4月以降、個人情報保護委員会と欧州委員会が対話と調整を重ね、2019年1月23日に、日本とEU相互の十分性認定が成立し、個人データの移転が認められることとなりました。

第 **9** 章

プライバシー情報マネジメントシステム(PIMS)をレビューする

ISO/IEC 27701:2019 に基づくプライバシー情報マネジメントシステム(PIMS)を確立するための仕上げのステップが、プライバシー情報マネジメントシステムを確認（Check）する仕組みを導入することです。

この章では、プライバシー情報マネジメントシステムの「確認（Check）」にあたる「内部監査」と「マネジメントレビュー」について、実践的なガイダンスとともに解説します。

9-1
PIMS内部監査とは

PIMS内部監査とは、プライバシー情報マネジメントシステムの適合の度合いと有効性を判定するために実施されるチェックのプロセスを指します。

▶▶ プライバシー情報マネジメントシステムにおける内部監査とは

PIMS内部監査は、ISMS内部監査をベースとして実施されます。なお、マネジメントシステムにおける内部監査について、監査の指針である**ISO 19011**では、**監査基準が満たされている程度を判定するために、監査証拠を収集し、それを客観的に評価するための体系的で、独立し、文書化されたプロセス**としています。ISO/IEC 27001やISO/IEC 27701の規格要求事項やプライバシー保護に関する法令及び規制要求事項、組織が策定したプライバシー情報マネジメントシステム（PIMS）の手順などの**明確な監査基準**に基づき、被監査者に対するインタビューや、書類、記録の確認、現場の観察などによって、客観的な証拠を収集し、**適合の度合いや有効性**を判定するプロセスであるとしています。

▶▶ プライバシー情報マネジメントシステムにおける内部監査の位置付け

自社のプライバシー情報マネジメントシステムが適切に構築され、常に最良の状態であるかを確認するための、体系的でかつ独立的な活動がPIMS内部監査です。

したがって、PIMS内部監査が適切に機能しなければ、プライバシー情報マネジメントシステムの完備性は上がらず、また、一向に改善されません。効果的なPIMS内部監査手順の確立及び実施は、自社のプライバシー情報マネジメントシステムの適切性、妥当性、及び有効性の**継続的改善にきわめて重要なポイント**となります。

▶▶ PIMS内部監査の目的

プライバシー情報マネジメントシステムに対する内部監査の目的は、**適合性の判定と有効性の判定**の2つに大別されます。

◆①適合性の判定

　この適合性の判定も、**体制面の適合性の判定**と**運用面の適合性の判定**に大別されます。体制面の適合性の判定は、**ISO/IEC 27001**や**ISO/IEC 27701**の規格要求事項やプライバシー保護に関する法令及び規制要求事項、組織が策定したプライバシー情報マネジメントシステム（PIMS）の手順との適合性を確認することを指します。なお、**運用面の適合性の判定**は、プライバシー情報マネジメントシステムの実際の運用状況を確認することを指します。

◆②有効性の判定

　有効性の判定は、構築したプライバシー情報マネジメントシステムの実施結果が**ISO/IEC 27001**や**ISO/IEC 27701**の規格要求事項の意図に合致し、適切に成果が得られているかを確認することを指します。

PIMS内部監査とは

PIMSにおける内部監査とは

「監査基準が満たされている程度を判定するために、監査証拠を収集し、それを客観的に評価するための体系的で、独立し、文書化されたプロセス」
　明確な監査基準(ISO 27701の規格要求事項や法令等の規制要求事項、組織が策定したPIMS手順など)に基づき、客観的な証拠を収集し(被監査者に対するインタビューや書類、記録の観察などによって)、適合の度合いや有効性を判定するプロセス

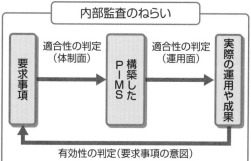

内部監査のねらい

要求事項 → 適合性の判定（体制面） → 構築したPIMS → 適合性の判定（運用面） → 実際の運用や成果

有効性の判定（要求事項の意図）

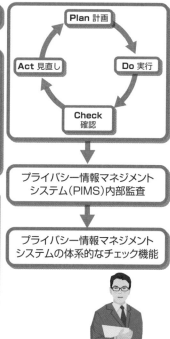

Plan 計画

Act 見直し

Do 実行

Check 確認

プライバシー情報マネジメントシステム（PIMS）内部監査

プライバシー情報マネジメントシステムの体系的なチェック機能

第9章　プライバシー情報マネジメントシステム（PIMS）をレビューする

9-2

監査のガイドライン

ISO 19011は監査の体制を確立し実施するためのガイドラインです。ISO/IEC 27001やISO/IEC 27701には内部監査の要求事項はありますが、具体的な内部監査の方法は規定されていないため、ISO 19011を参考にして内部監査の仕組みを構築するとよいでしょう。

▶▶ 監査の指針ISO 19011

ISO 19011は、監査を行うための専門のガイドラインです。監査に関する用語の定義（箇条3）、監査に関する原則（箇条4）、監査プログラムの管理（箇条5）、監査活動の基本要件（箇条6）、監査員の力量及び評価に関する基本要件（箇条7）などの監査体制の確立及び実施に必要な事項を規定しています。

なお、**監査に関する用語の定義**では、「監査（3.1）」「監査基準（3.2）」「監査証拠（3.3）」「監査所見（3.4）」「監査結論（3.5）」「監査依頼者（3.6）」「被監査者（3.7）」「監査員（3.8）」「監査チーム（3.9）」「技術専門家（3.10）」「オブザーバ（3.11）」「案内役（3.12）」、「監査プログラム（3.13）」「監査範囲（3.14）」「監査計画（3.15）」「リスク（3.16）」「力量（3.17）」「適合（3.18）」「不適合（3.19）」「マネジメントシステム（3.20）」などのマネジメントシステムにおける監査を理解するために必要な用語が解説されています。

例えば、監査基準とは、**監査証拠と比較する基準として用いる一連の方針、手順又は要求事項**であると定義されています。監査証拠とは、**監査基準に関連し、かつ、検証できる、記録、事実の記述又はその他の情報**であると定義されています。

▶▶ 監査プログラムの管理

監査プログラムの管理では、監査プログラムの目的の設定、監査プログラムの策定、監査プログラムの実施、監査プログラムの監視、監査プログラムのレビュー及び改善と、組織が監査手順を確立する際に必要な基本的な要件を規定しています。

▶▶ 監査の実施、監査員の力量及び評価

　監査の実施では、監査の開始、監査活動の準備、監査活動の実施、監査報告書の作成及び配付、監査の完了、監査のフォローアップの実施など、実際に監査を実施する際に必要なガイダンスを規定しています。

　監査員の力量及び評価では、監査プログラムのニーズを満たす監査員の力量の決定、監査員の評価基準の設定、監査員の適切な評価方法の選定、監査員の評価の実施、監査員の力量の維持及び向上など、力量マネジメントに関する基本的な要件を規定しています。

監査のガイドラインISO 19011

ISO 19011
マネジメントシステム
監査のための指針

1章　適用範囲
2章　引用規格
3章　用語及び定義
4章　監査の原則
5章　監査プログラムの管理
5.1　一般
5.2　監査プログラムの目的の設定
5.3　監査プログラムの策定
5.4　監査プログラムの実施
5.5　監査プログラムの監視
5.6　監査プログラムのレビュー及び改善
6章　監査の実施
6.1　一般
6.2　監査の開始
6.3　監査活動の準備
6.4　監査活動の実施
6.5　監査報告書の作成及び配付
6.6　監査の完了
6.7　監査のフォローアップの実施
7章　監査員の力量及び評価
7.1　一般
7.2　監査プログラムのニーズを満たす監査員の力量の決定
7.3　監査員の評価基準の設定
7.4　監査員の適切な評価方法の選定
7.5　監査員の評価の実施
7.6　監査員の力量の維持及び向上

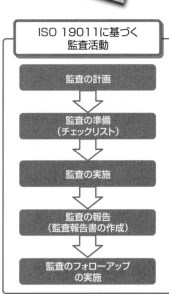

ISO 19011に基づく
監査活動

監査の計画

監査の準備
（チェックリスト）

監査の実施

監査の報告
（監査報告書の作成）

監査のフォローアップ
の実施

9-3

PIMS内部監査の体制確立

一般的に、マネジメントシステム内部監査の体制は、内部監査の実施に責任を持つ内部監査責任者と、その内部監査責任者の配下の内部監査チーム（内部監査部門）によって構成されます。

▶▶ PIMS内部監査に関する主要な役割

マネジメントシステム内部監査の体制を確立する場合、一般的には、プライバシー情報マネジメントシステムにおける、内部監査の実施に責任を持つ**PIMS内部監査責任者**が任命されます。

また、その**PIMS内部監査責任者**の配下には、**PIMS内部監査チーム**が設置されます。**PIMS内部監査チーム**は、**PIMS内部監査責任者**の指揮のもと、具体的に内部監査を実施し、報告する役割を担います。ただし、組織に内部監査を専門で行う内部監査室や内部監査部などが既に設置されている場合は、その部門が実施することも考えられます。

▶▶ 内部監査責任者の任命と内部監査員の選定

プライバシー情報マネジメントシステムにおける内部監査責任者の任は、内部監査室などの内部監査専門部門が組織にある場合は、その部門長や管掌役員が担うケースが多く、また、総務部長、コンプライアンス室長又は、その管掌役員が担うケースも考えられます（**PIMS管理責任者**がほかの部門から任命されている場合）。

ただし、重要なことは、プライバシー情報マネジメントシステムに関する守りの要である立場上、**PIMS管理責任者**をけん制できる立場の人間が**PIMS内部監査責任者**の任を担うことが望ましいでしょう。

次に**PIMS内部監査員**の選定について、PIMS内部監査のベースとなる**ISO/IEC 27001**では、「内部監査員の選定及び実施は、監査プロセスの客観性及び公平性を確実にすること」を要求していることから、内部監査の専門部門を持たない組織で、

現業兼務メンバーによって構成される**PIMS内部監査チーム**に監査を実施させる場合は、**PIMS内部監査員**の選定時に独立性を確保するための考慮が必要となります。

▶▶ PIMS内部監査責任者とPIMS内部監査員の責任及び権限

PIMS内部監査責任者の主要な役割は、内部監査計画書の作成、内部監査の指揮・監督、**PIMS内部監査員**の選定・育成・配員、内部監査報告書（全体報告・要約）の作成、トップマネジメントへの報告が考えられます。

次に、**PIMS内部監査員**の主要な職務については、**PIMS内部監査責任者**によって割り当てられた被監査部門への内部監査のための準備、監査日程表の作成・被監査部門への提出・被監査部門との監査日程の合意、被監査部門へ赴きオープニングミーティングの実施、監査の実施、監査報告書・不適合報告書の作成、クロージングミーティングの実施、フォローアップ監査の実施、**PIMS内部監査責任者**への監査結果の報告などが考えられます。

PIMS内部監査の体制確立

	監査責任者	監査リーダー	監査メンバー	被監査部門	トップマネジメント
年間監査計画の作成・承認	○作成				●承認
その年度の監査チームの編成	○実施				
監査スケジュールの作成・日程の合意		○作成		●合意	
監査の準備（被監査部門の手順の理解）		○実施	○実施		
監査の準備（チェックリストの作成・更新）		○実施	○実施		
オープニングミーティング（全社ベース）の実施	○主催	●参加	●参加	●参加	●参加
オープニングミーティング（部門ベース）の実施		○主催	●参加	●参加	
監査の実施		○実施	○実施	●協力	
クロージングミーティング（部門ベース）の実施		○主催	●参加	●参加	
クロージングミーティング（全社ベース）の実施	○主催	●参加	●参加	●参加	●参加
監査報告書（被監査部門向け）の作成・報告		○作成		●合意	
監査報告書（全社ベース）の作成・報告	○作成・報告				●理解
監査結果（不適合）への対応				○実施	
フォローアップ監査の実施及び評価		○実施	○実施	●報告	

第9章 プライバシー情報マネジメントシステム（PIMS）をレビューする

PIMS内部監査員に必要な力量

内部監査を適切かつ効果的に実施するためには、内部監査員の力量が非常に大きなポイントとなります。

▶▶ PIMS内部監査員に必要な力量

適切かつ効果的なPIMS内部監査を実施するためには、**PIMS内部監査員**の力量は重要な要素です。内部監査の専門知識に関する教育の受講や、内部監査の実務経験を積むこと等を通じて（OJTを受けるなど）、必要な力量を保有させる必要があります。

なお、必要な力量の例としては、内部監査に関する知識、内部監査員の個人的特質、内部監査の実施に関する技術が挙げられます。

▶▶ PIMS内部監査に関する知識

PIMS内部監査に必要な知識については、PIMS内部監査の体制に関する知識（役割や責任及び権限）、PIMS内部監査の実施方法に関する知識、内部監査ツールに関する知識などの自社の内部監査手順に関する知識と、**ISO/IEC 27001**や**ISO/IEC 27701**の規格要求事項に関する知識、自社のプライバシー情報マネジメントシステム（PIMS）に関する知識などが考えられます。

▶▶ PIMS内部監査員の個人的特質

PIMS内部監査員の選定では、個人的特質も重要な要素です。

ISO1 9011の7.2.2 個人の行動では、その特質の例として、①倫理的であること、②心が広いこと、③外交的であること、④観察力があること、⑤知覚が鋭いこと、⑥適応性があること、⑦粘り強いこと、⑧決断力があること、⑨自立的であること、⑩不屈の精神を持って行動すること、⑪改善に対して前向きであること、⑫文化に対して敏感であること、⑬協働的であることの13の特質を挙げています。

▶▶ PIMS内部監査の実施に関する技術

　　PIMS内部監査の実施に関する技術については、被監査者への質問時に必要な**インタビューテクニック**、記録や実施状況の確認時に必要な**客観的証拠の判定能力**、指摘事項の報告書作成に必要な**報告文書の作成スキル**などが挙げられます。

PIMS内部監査員に必要な力量

内部監査員に必要な知識

- ■監査の体制に関する知識
- ■監査手順に関する知識
- ■監査ツールに関する知識
- ■ISO 27701の規格要求事項に関する知識
- ■自社のプライバシー情報マネジメントシステムに関する知識

内部監査員に必要な技術

- ■インタビューテクニック
- ■客観的証拠の判定能力
- ■報告文書の作成スキル

内部監査員に必要な特質

- ■倫理的であること（公正である、信用できる、誠実である、正直である、そして分別がある）
- ■心が広いこと（別の考え方又は視点を進んで考慮する）
- ■外交的であること（目的を達成するように人と上手に接する）
- ■観察力があること（物理的な周囲の状況及び活動を積極的に観察する）
- ■知覚が鋭いこと（状況を認知し、理解できる）
- ■適応性があること（異なる状況に容易に合わせる）
- ■粘り強いこと（根気があり、目的の達成に集中する）
- ■決断力があること（論理的な理由付け及び分析に基づいて、時宜を得た結論に到達する）
- ■自立的であること（他人と効果的なやりとりをしながらも独立して行動し、役割を果たす）

- ■不屈の精神をもって行動すること（行動が、ときには受け入れられず、意見の相違又は対立をもたらすことがあっても、進んで責任をもち、倫理的に行動する）
- ■改善に対して前向きであること（進んで状況から学び、よりより監査結果のために努力する）
- ■文化に対して敏感であること（被監査者の文化を観察し、尊重する）
- ■協働的であること（監査チームメンバー及び被監査者の要員を含む他人と共に効果的に活動する）

9-5
PIMS内部監査の計画

PIMS内部監査計画書は、PIMS内部監査責任者が作成する年度内部監査計画書と、監査実施前にPIMS内部監査員が作成する被監査部門別の個別日程表があります。

▶▶ 監査の計画

監査計画に含む項目ついて、ISO 19011では**含むことが望ましい項目**として、監査目的、監査範囲、監査基準、監査活動の場所、日時、使用される監査方法、監査チームメンバーの役割及び責任、監査の重要な領域への適切な資源の割り当てを規定しています。また、**必要に応じて含んでもよい項目**として、監査に対する被監査者の代表者、監査及び報告書に使用する言語、監査報告書の記載項目、監査の対象となる場所に対する特別な手配を含む、監査の後方支援及びコミュニケーションに関する手配事項、監査目的の達成に対する不確かさの影響への特別な対応策、機密保持及び情報セキュリティに関係する事項、前回の監査の結果に対するフォローアップ、計画した監査に対するフォローアップ、合同監査の場合、ほかの監査活動との調整を規定しています。

なお、一般的な内部監査では、内部監査責任者によって作成される年間計画（年度内部監査計画書）と、監査実施前に作成される個別スケジュール表（被監査部門別の個別日程表）に分けて作成されることが多いようです。

▶▶ 年間計画（年度PIMS内部監査計画書）

年間計画（PIMS年度内部監査計画書）の目的は、その年度のPIMS内部監査の目的及び月ベースの監査スケジュールを関係者に通知することです。含むことが望ましい内容は、監査目的、監査基準、対象の被監査部門、各被監査部門別の監査実施月、各被監査部門別の担当するPIMS内部監査員が挙げられます。

また、一般的にトップマネジメントによって承認されたのちに、**PIMS内部監査責任者**から各部門の長に配布されます。

担当するPIMS内部監査員の割り当て

　PIMS内部監査員の割り当てでは、PIMS内部監査員と被監査部門との関係（客観性及び公平性）を十分に考慮しなければなりません。特に、内部監査チームなど現業兼務の監査員が監査を実施する場合において、被監査部門との独立性が確保できないPIMS内部監査員が実施しても、監査の客観性、監査の公平性を確保できないケースが考えられることから十分な検討が必要となります。したがって、事前に教育・訓練を行ったPIMS内部監査員を**内部監査員登録簿**（各内部監査員の現在や過去の所属部門などを明確にした）などに登録し活用することも必要であるといえます（特に内部監査員の数が多い組織など）。

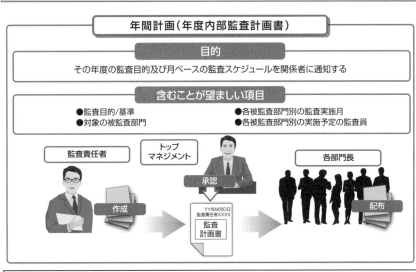

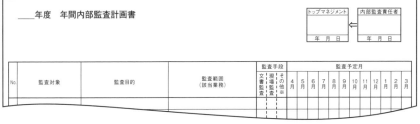

第9章　プライバシー情報マネジメントシステム（PIMS）をレビューする

9-6
PIMS内部監査の準備①
個別スケジュール表

PIMS内部監査の準備には、被監査部門の手順の理解、根拠となる証拠の特定（記録など）、内部監査チェックリストの作成（又は更新）、個別スケジュール表の作成が挙げられます。

▶▶ PIMS内部監査の準備

内部監査の準備について、ISO 19011では、**監査に備えた文書レビュー**を実施すること、**監査計画を作成**すること、**監査チームへの作業の割り当て**を行うこと、**作業文書を作成**することを規定しています。

ここで指す**作業文書**とは、内部監査チェックリストや監査サンプリング計画、根拠となる証拠、監査所見、会議議事録などの情報を記録するための書式を意味しています。

PIMS内部監査責任者によって年間計画（年度内部監査計画書）が作成されると、PIMS内部監査員が割り当てられます。割り当てられた**PIMS内部監査員**は、被監査部門の手順書の入手と理解、根拠となる証拠の特定（記録など）、内部監査チェックリストの作成（又は更新）、個別スケジュール表の作成を行います。

▶▶ 監査部門の監査対象業務を理解する

各**PIMS内部監査員**は、情報セキュリティ方針（プライバシー方針）、PIMSマニュアル、個別の規程や手順書、各部門のPIMS目標と達成のためのアクションプランや教育計画などを入手し、被監査部門の**プライバシー情報マネジメントに関する主要な業務**を理解します。

特に、被監査部門の**プライバシー情報マネジメント**に関する特性や鍵となる管理のポイント、実施すべき手順、役割などを理解することが、効果的なPIMS内部監査を実施することにとって重要です。

これらの情報に基づいて内部監査チェックリストや被監査部門ごとの個別スケ

ジュール表が作成されます。

▶▶ 個別スケジュール表（被監査部門別の個別日程表）

　各**PIMS内部監査員**は、監査実施前に担当する被監査部門用の個別スケジュール表（被監査部門別の個別日程表）を作成します。その目的は、対象の被監査部門へ日時ベースのスケジュール、監査目的・依頼事項を通知し、事前に同意を得ることです。

　なお、個別スケジュール表に含むことが望ましい内容は、監査日時、担当する内部監査員（監査員が複数で監査を実施する場合は、リーダー及びメンバーの名前と役割）、監査の方法、被監査部門への依頼事項（参加してほしい役割のスタッフの要請や書類などの準備など）が挙げられます。

第9章　プライバシー情報マネジメントシステム（PIMS）をレビューする

9-7
PIMS内部監査の準備②
内部監査チェックリスト

内部監査チェックリストの必要性や重要性、メリット、デメリット、限界を正しく理解することが効果的な内部監査を実施するためにきわめて重要です。

▶▶ 内部監査チェックリストとは

内部監査チェックリストとは、**被監査部門の内部監査対象を網羅的に示した作業文書**を指します。したがって、**監査の有効性と効率性及び監査の質の維持・向上**を実現するための重要なツールです。

なお、内部監査チェックリストのメリットは、次のようなことが考えられます。

- 監査範囲及び目的を常に明確にすることができる
- 内部監査計画の証拠になる
- 内部監査の時間配分と継続性を維持することができる
- 内部監査員の偏見を低減することができる
- 内部監査時の作業負荷を低減することができる
- 内部監査時に期待された証拠を特定することができる
- 予定されたサンプルを特定することができる

すなわち、それほど経験が豊富ではない内部監査員でも内部監査チェックリストを利用することにより、一定のレベルの監査が実施できることが期待できます。また、内部監査中に内部監査チェックリストに記録している内容は内部監査を実施した証拠（監査記録）にもなります。

▶▶ 内部監査チェックリストの利用上の留意点

内部監査チェックリストにもデメリットと限界は存在します。したがって、そのデメリットと限界を理解して利用することは重要です。そもそも内部監査チェック

リストは、「手順が存在しているか?」「担当者は手順を理解しているか?」「定められた手順どおりに実施しているか?」などの適合性の判定には向いていますが、「その実施している手順は有効に機能しているか?」などの有効性の判定には不向きです。また、内部監査チェックリストは、被監査部門に対する内部監査のポイントをまとめただけのものであることから、当然のことながらチェック項目以外の質問も監査現場に存在します。

　したがって、内部監査チェックリストを埋めるだけの作業になっては、効果的な内部監査は実現できません。内部監査チェックリストをあくまでも**ツールとして弾力的に活用**し、その質問事項から展開する被監査者とのやりとりによって心証を確立していくことが重要なポイントとなります。

　あわせて、内部監査終了後にその内部監査で確認したチェックリストに含まれていなかった項目を追記し、**常にメンテナンスをし続ける**ことで本当の意味の監査の質の維持と向上が実現できます。

PIMS内部監査チェックリスト

監査対象に関する監査ポイントを網羅的に示したもの

監査チェックリスト

● 監査範囲及び目的を常に明確にすることができる
● 内部監査計画の証拠になる
● 内部監査の時間配分と継続性を維持することができる
● 内部監査員の偏見を低減することができる
● 内部監査時の作業負荷を低減することができる
● 期待された証拠を特定することができる
● 予定されたサンプルを特定することができる

内部監査チェックリストのメリット	①監査の標準化が実現できる ②監査の効率性が確保できる ③監査の証拠として活用できる(記入後) ④監査の質の向上が実現できる
内部監査チェックリストのデメリット	①チェックリストに傾注しすぎて、重要なほかの確認事項を見落としてしまう可能性がある(チェックリスト記載以外の項目など) ②適合性の判定には向いているが、有効性の判定には不十分

9-8
PIMS内部監査の実施①
情報の収集

PIMS内部監査は、被監査者へのインタビュー、活動の観察、文書や記録の調査などによって行われます。

▶▶ PIMS内部監査の実施（情報の収集）

PIMS内部監査の実施（情報の収集）は、PIMS内部監査員が被監査者と面談し行う**インタビュー**、内部監査員が作業現場へ赴き被監査者が実施している**状況や活動の観察**、及び**文書や記録の確認**などによって実施されます。PIMS内部監査員が実際の情報に基づき適合性と有効性について心証を確立し、判定する活動になります。

なお、監査のガイドラインである、**ISO 19011の附属書B**では、監査の実施における情報源として、以下の9つを挙げています。

- 従業員及びその他の人との面談の結果で得られた情報
- 活動、周囲の作業環境及び作業条件の観察によって得られた情報
- 方針、目的、計画、手順、規格、指示、許認可、仕様、図面、契約及び注文といった文書から得られた情報
- 検査記録、会議の議事録、監査報告書、監視プログラムの記録及び測定結果といった記録から得られた情報
- データの要約、分析及びパフォーマンス指標から得られた情報
- 被監査者のサンプリング計画に関する情報、ならびにサンプリングプロセス及び測定プロセスを管理するための手順に関する情報
- その他の出所からの報告書（例えば、顧客からのフィードバック、外部の調査及び評価結果、外部関係者からのその他の関連情報及び供給者のランク付け）から得られた情報
- データベース及びウェブサイトから得られた情報
- シミュレーション及びモデリングから得られた情報

▶▶ PIMS内部監査で期待される情報

　　PIMS内部監査で期待される情報は、情報セキュリティ方針（プライバシー方針）、PIMSマニュアル、個別の規程や手順書、各部門のPIMS目標と達成のためのアクションプランや教育計画などが考えられます。すなわち、その被監査部門のプライバシー情報マネジメントに関する特性に応じた情報を収集し（計画や結果の記録など）、意図した結果になっているかを確認することが重要です。

　　なお、PIMS内部監査員が作業現場へ赴き、被監査者が実施している活動を確認する際に、望ましい観察の対象については、以下のようなものが挙げられます。

- ■ 実際の手順（スタッフが実施している手順は、マニュアルや手順書に規定されたとおりの手順になっているか？）
- ■ 記録の保管（規定された場所及び方法で保管されているか？）
- ■ 現場の状況（PII（個人情報）の取扱いや安全管理策の状況など）

PIMS内部監査の実施

内部監査（実施）の情報源

- ■従業員及びその他の人との面談の結果で得られた情報
- ■活動、周囲の作業環境及び作業条件の観察によって得られた情報
- ■方針、目的、計画、手順、規格、指示、許認可、仕様、図面、契約及び注文といった文書から得られた情報
- ■検査記録、会議の議事録、監査報告書、監視プログラムの記録及び測定結果といった記録から得られた情報
- ■データの要約、分析及びパフォーマンス指標から得られた情報
- ■被監査者のサンプリング計画に関する情報、ならびにサンプリングプロセス及び測定プロセスを管理するための手順に関する情報
- ■その他の出所からの報告書（例えば、顧客からのフィードバック、外部の調査及び評価結果、外部関係者からのその他の関連情報及び供給者のランク付け）から得られた情報
- ■データベース及びウェブサイトから得られた情報
- ■シミュレーション及びモデリングから得られた情報

面談（インタビュー）

文書・記録の確認

活動の観察

第9章　プライバシー情報マネジメントシステム（PIMS）をレビューする

9-9
PIMS内部監査の実施②
インタビューの基本要件

PIMS内部監査は、被監査者へのインタビューによって、いかに回答してもらうかが成功の鍵となります。

▶▶ 内部監査におけるインタビューのポイント

内部監査におけるインタビューの本質は、マネジメントシステムに対する適合性と有効性について監査員が直接担当者に聞いて心証を得ることです。すなわち、監査結論を出すための心証を確立するためにインタビューを行うということであり、内部監査は相手に回答してもらって初めて成立します。

したがって、内部監査におけるインタビューのポイントは、相手が答えやすい環境を整備すること、質問の主眼点をおさえてインタビューすること、及び意図した回答を得られるような質問をすることになります。

▶▶ 相手が答えやすい環境を整備する

相手が答えやすい環境を整備することとは、内部監査員側の質問の姿勢を指し、大きく分けて、「すべきこと」と「してはならないこと」に分けられます。

「すべきこと」の例としては、相手の目を見て話す、理解していることを示す、興味を持っていることを示す、質問は明確にし、確実に理解されるようにする、質問に答える時間を与える、常に公平である、ほめるときにはほめる、思いやりを持つ、などが挙げられます。内部監査員がそれらの姿勢で質問を行えば、被監査者は協力の姿勢を示し一生懸命質問に答えようと思ってもらえます。

逆に、「してはならないこと」とは、一度にたくさんの質問をする、曖昧な質問をする、話の腰をおる、答えに対して批判する、いらいらした姿勢をとる、怠けた態度や姿勢をとる、休みなく話す、議論してしまう、わかっていないのにわかったという、などが挙げられます。そのような姿勢で質問を行えば、被監査者は質問に対して答える気がなくなってしまいます。

▶▶ 質問の主眼点をおさえてインタビューする

　質問の主眼点をおさえてインタビューすることとは、心証を確立するポイントとなる“ルールの確立・理解・実施・有効性”を体系的にとらえてインタビューすることを指します。

　なお、質問の主眼点は、以下のステップを踏んで行うことが望ましいでしょう。

- ①担当者が実施する手順は決まっているか（体制面の監査／適合性の判定）
- ②担当者は手順を理解しているか（体制面の監査／適合性の判定）
- ③実際の作業は、定められた手順に準拠しているか（運用面の監査／適合性の判定）
- ④定められた手順自体に有効性などの問題はないか（運用面の監査／有効性の判定）

PIMS内部監査におけるインタビュー①

質問の主眼点

①担当者が実施する手順は決まっているか	体制面の監査	適合性の判定
②担当者は手順を理解しているか		
③実際の作業は、定められた手順に準拠しているか	運用面の監査	
④定められた手順自体に有効性等の問題はないか		有効性の判定

質問の例

質問の目的	望ましくない質問（答えが“はい”か“いいえ”）	望ましい質問
理解の確認	その手順を理解していますか？	その手順を簡単に説明してもらえますか？
実施状況の確認	その手順を実施していますか？	そのやり方を見せてもらえますか？ その記録を見せてもらえますか？ その現場を見せてもらえますか？
問題点の確認	その手順に問題はありますか？	××が実施されないとどうなりますか？

第9章　プライバシー情報マネジメントシステム（PIMS）をレビューする

9-10
PIMS内部監査の実施③
インタビューの方法

内部監査のインタビュー方式には、オープンクエスチョン形式とクローズドクエスチョン形式があります。質問の内容によって使い分けることが良いインタビューを実現する上でのポイントです。

▶▶ 意図した回答を得られるような質問をする

意図した回答を得られるような質問をすることとは、「はい」と「いいえ」でしか答えられない質問の使用を極力避けることを指します。すなわち、特定の事実を確認するには、「はい」と「いいえ」で答えられる**クローズドクエスチョン形式**を用い、相手の考え方や理解度、問題点の確認などには、「その手順を簡単に説明してもらえますか？」「そのやり方を見せてもらえますか？」「その記録を見せてもらえますか？」「その現場を見せてもらえますか？」「××が実施されないとどうなりますか？」などの**オープンクエスチョン形式**を用い、はいといいえで答えられる質問の形式を用いないことを指します。

例えば、情報セキュリティ方針（プライバシー方針）の理解を確認する質問の際に、「当社の情報セキュリティ方針（プライバシー方針）を理解していますか？」という質問であれば、答えは「はい、理解しています」と「いいえ、理解していません」しかなく、有効な確認ができません。したがって、「当社の情報セキュリティ方針（プライバシー方針）を簡単に説明していただけますか？」や「当社の情報セキュリティ方針（プライバシー方針）を実現する上であなたの役割は何ですか？」などの質問を用いれば、被監査者の情報セキュリティ方針（プライバシー方針）の理解度を確実に確認することができます。また、「PII主体（本人）を含む利害関係者からのフィードバック等を分析していますか？」という質問も、答えは「はい、しています」と「いいえ、していません」しかなく、有効な確認ができません。

したがって、このような場合でも、「PII主体（本人）を含む利害関係者からのフィードバック等のデータ分析の結果、特定された改善策にはどのようなものがありま

すか？　また、それらをどのように現場に導入していますか？」などの質問を用いれば、被監査部門で認識・実行すべき**手順の理解と実行**及び**その有効性**を確実に確認することができます。

　このようなことから、内部監査のインタビューでは、**いかに有効な回答をしてもらうかが内部監査の成功の鍵**となり、被監査者との効果的なコミュニケーションを実現することが重要です。

▶▶ インタビュー時の記録

　インタビュー時の記録は、内部監査チェックリストが主となり、内部監査チェックリストは監査を実施した証拠（監査記録）として有用です。

　したがって、単に○×だけを記入するだけではなくコメント欄を有効に活用し、「**なぜYES（適合）と判断したのか？**」また、「**なぜNO（不適合）と判断したのか？**」その根拠を記入することが重要です。特にNO（不適合）と判断した根拠は、監査の報告時に作成する指摘事項報告書（不適合報告書など）のインプットになることから、できるだけ明確に、**判断した根拠（客観的証拠）**を記載する必要があります。

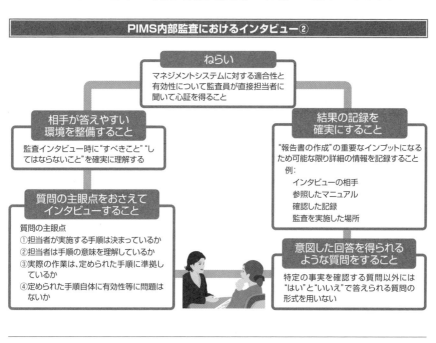

PIMS内部監査におけるインタビュー②

ねらい
マネジメントシステムに対する適合性と有効性について監査員が直接担当者に聞いて心証を得ること

相手が答えやすい環境を整備すること
監査インタビュー時に"すべきこと""してはならないこと"を確実に理解する

質問の主眼点をおさえてインタビューすること
質問の主眼点
①担当者が実施する手順は決まっているか
②担当者は手順の意味を理解しているか
③実際の作業は、定められた手順に準拠しているか
④定められた手順自体に有効性等に問題はないか

結果の記録を確実にすること
"報告書の作成"の重要なインプットになるため可能な限り詳細の情報を記録すること
例：
　インタビューの相手
　参照したマニュアル
　確認した記録
　監査を実施した場所

意図した回答を得られるような質問をすること
特定の事実を確認する質問以外には"はい"と"いいえ"で答えられる質問の形式を用いない

9-11

PIMS内部監査の報告

内部監査の報告は、「実施した監査がどのような結果だったかを報告する」ためと、「発見された不適合（改善点）がどのような内容であったかを報告する」ために行われます。

▶▶ PIMS内部監査の報告

PIMS内部監査が終了すると、PIMS内部監査の結果を報告します。なお、内部監査の報告書には、内部監査の結果を報告する**内部監査報告書**、発見された不適合を報告する**不適合報告書**があります。

▶▶ 内部監査報告書

監査のガイドラインである**ISO 19011**では、監査報告書に含むことが望ましい項目として、監査目的、監査範囲（特に、監査を受けた組織単位及び部門単位又はプロセスの特定）、監査依頼者の名称、監査チーム及び監査への被監査者からの参加者の特定、監査活動を行った日時及び場所、監査基準、監査所見及び関連する証拠、監査結論、及び監査基準が満たされた程度に関する記述を規定しています。

なお、監査報告書は被監査部門単位に発行され、実施した内部監査がどのような結果だったか被監査部門の責任者やPIMS管理責任者、トップマネジメントに報告するために使用されます。

▶▶ 不適合報告書

内部監査報告書が被監査部門単位であるのに対し、不適合報告書は**指摘事項単位**に発行されます。プライバシー情報マネジメントシステム（PIMS）の改善の鍵となる重要な報告書になります。

なお、不適合報告書に含むべき項目は、監査実施日時、不適合（観察事項）の発見場所、監査者、被監査者、指摘事項の分類（不適合／観察事項）、指摘事項の

内容、客観的証拠です。特に、指摘事項の内容は、簡潔明瞭に記載する必要があります。被監査部門はその内容に基づき不適合の修正及び是正処置を実施します。

▶▶ 是正処置の実施

PIMS内部監査の結果、プライバシー情報マネジメントシステムにおける不適合が発見された場合、被監査部門ではその不適合を修正し、また再発防止するために不適合の原因を特定し、是正処置（必要に応じてほかの部分での発生の防止を確実にするための処置も含む）を行います。

▶▶ フォローアップ監査

PIMS内部監査員は、不適合を報告した被監査部門に対して、フォローアップ監査を実施します。

フォローアップ監査では、被監査部門が行った修正処置と再発防止策の有効性の両方の評価を行います。フォローアップ監査は、その不適合の重要性に応じて、時期や方法を決定します。なお、時期としては、次回の定期内部監査の時にフォローアップを実施する場合と、臨時でフォローアップ監査を計画し、次回の定期内部監査を待たずに実施する場合があります。

また、方法としては、修正結果と是正処置の結果が記載されたレポートだけを確認する方法と、被監査部門に再度赴き、レポートとあわせて実際の改善状況を確認する方法があります。

PIMS内部監査の報告

	内部監査報告書	不適合報告書
ねらい	実施した監査がどのような結果だったかを報告するため	発見された不適合（改善点）がどのような内容であったかを報告するため
発行単位	全社で1つ、又は部門や監査範囲単位	不適合（改善点・指摘事項）単位
含まれることが望ましい項目	監査実施日時 監査者／被監査者 監査目的／監査範囲 監査結果(不適合の有無及び概要) 監査結果(総評) 添付文書の有無	監査実施日時 不適合(観察事項)の発見場所 監査者／被監査者 指摘事項の分類(不適合／観察事項) 指摘事項の内容 客観的証拠

9-12
マネジメントシステムのレビュー

PIMS内部監査の実施後、そのPIMS内部監査の結果に加え、様々なインプットに基づきプライバシー情報マネジメントシステム（PIMS）の体系的な見直しが実施されます。

▶▶ マネジメントレビューのねらい

PIMS内部監査の実施後にトップマネジメントは、その他のインプットを含め、プライバシー情報マネジメントシステム（PIMS）に対してマネジメントレビューを実施します。なお、マネジメントレビューは、**ISO/IEC 27001**に基づく、ISMSのマネジメントレビューをベースと実施されます。

マネジメントレビューのねらいは、組織のプライバシー情報マネジメントシステムが**常に最良の状態であることを維持するため**です。したがって、確認すべきポイントはマネジメントシステムの適切性と妥当性及び有効性の3つの着眼点です。なお、**適切性のレビュー**とは、プライバシー情報マネジメントシステムが組織の特性を考慮し、フィットしているかを確認することを指し（プライバシー情報マネジメントシステムが必要な管理のポイントをカバーしているか）、**妥当性のレビュー**とは、そのプライバシー情報マネジメントシステムで設定されている管理レベルが妥当であるかを確認することを指します。また、**有効性のレビュー**とは、そのプライバシー情報マネジメントシステムで期待された成果が出ているか否かを確認することを指します。以上の着眼点に基づき、マネジメントレビューが実施され、適切なアウトプットがトップマネジメントから出されます。

▶▶ マネジメントレビューの実施時期

マネジメントレビューの実施は、あらかじめ定めた間隔である必要があります。

したがって、自社におけるマネジメントレビューの開催頻度や開催時期を規定する必要があります。その具体例としては、「毎年n月とn月に実施すると規程やマ

ニュアルに定め実施する」「年初に、その年度はいつ実施するかを計画し、その計画に基づき実施する」「実施後に、次回はいつ実施するかを計画し、その計画に基づき実施する」などが考えられます。

▶▶ マネジメントレビューのインプット

　マネジメントレビューのインプットは、①前回までのマネジメントレビューの結果とった処置の状況、②プライバシー情報マネジメントシステムに関連する外部及び内部の課題の変化、③プライバシー情報マネジメントのパフォーマンスに関する情報（不適合及び是正処置、監視及び測定の結果、監査結果、情報セキュリティ目標の達成度を含む）、④利害関係者からのフィードバック、⑤リスクアセスメントの結果及びリスク対応計画の状況、⑥継続的改善の機会を含みます。

　すなわち、マネジメントレビューのインプットには、プライバシー情報マネジメントシステムの実施状況や成果に関わる情報のみならず、外部及び内部の課題の変化や利害関係者からのフィードバックなど、組織のプライバシー情報マネジメントシステムに影響を与えることが予想されるような情報も含まれます。

　ここで重要なポイントは、トップマネジメントがそれぞれのインプットを参照して適切なレビューが行えるか否かです。したがって、個々のインプットをバラバラに提出するのではなく、要約のような総評を作成し、全体感を伝えられるような工夫が必要です。なお、総評には「全体的には自社の仕組みの現状はどうなのか（スタッフのプライバシー保護に関する意識や、ルールの完備性や浸透状況など）」、「何を改善することが望ましいのか」などのPIMS推進チームやPIMS管理責任者自らの意見や所感などを加えて報告することが望ましいでしょう。

　また、いくつかのインプットは、グラフなどを用いて統計的なデータ形式で報告することも重要なポイントです。なお、統計的なデータ形式で報告することが望ましいインプットとしては、内部監査結果やインシデントの調査結果などが挙げられます。例えば、内部監査結果であれば、不適合事項を個別に報告するのみならず、不適合の部門別発生分布や、不適合の原因別分布、不適合の部門別発生推移などの統計データを用いて報告することが挙げられます。同様に、インシデントの調査結果であれば、情報セキュリティやプライバシー保護に関する管理策や手順の弱点やヒヤリハットなどの報告数の推移、改善に採用された報告内容の推移などの

第9章　プライバシー情報マネジメントシステム（PIMS）をレビューする

過去からの状況や推移を加えることが望ましいと思われます。

▶▶ マネジメントレビューのアウトプット

　マネジメントレビューからのアウトプットとは、継続的改善の機会やプライバシー情報マネジメントシステムのあらゆる変更の必要性に関する決定などについて、トップマネジメントがPIMS管理責任者やPIMS推進チーム又は適切な部門の長に、必要な改善の指示を行うことを指します。

PIMSのマネジメントレビュー

マネジメントレビューは、次の事項を考慮する

インプット

- 前回までのマネジメントレビューの結果とった処置の状況
- PIMS に関連する外部及び内部の課題の変化
- 次に示す傾向を含めた，情報セキュリティパフォーマンスに関するフィードバック
  - ・不適合及び是正処置
  - ・監視及び測定の結果
  - ・監査結果
  - ・情報セキュリティ目的の達成
- 利害関係者からのフィードバック
- リスクアセスメントの結果及びリスク対応計画の状況
- 継続的改善の機会

マネジメントレビュー

アウトプット

- マネジメントレビューからのアウトプットには、以下に関する決定を含む
  - ・継続的改善の機会
  - ・PIMS のあらゆる変更の必要性
- マネジメントレビューの結果の証拠として、文書化した情報を保持する。

第 10 章

ISO/IEC 27701 (PIMS)の認証審 査を受ける

前章までで、ISO/IEC 27701:2019 に基づくプライバシー

情報マネジメントシステム（PIMS）の構築、及びレビューの

具体的な実践方法について見てきました。

この章では、ISO/IEC 27701:2019 に基づくプライバシー

情報マネジメントシステム（PIMS）の認証取得について、実

現のための推進手順を解説するとともに、認証審査のポイン

トについても解説します。

10-1
ISO/IEC 27701の認証取得のメリット

ISO/IEC 27701の認証取得によって、プライバシー情報マネジメントシステムの内部的効果の実現及び外部への効果的なアピールを実現することができます。

▶▶ ISO/IEC 27701の取得によるメリット

ISO/IEC 27701の認証取得によるメリットは様々なものがありますが、大きく分けると2つのメリットに分類されます。1つ目のメリットは、内部的なメリットで、ISO/IEC 27701に基づくプライバシー情報マネジメントシステムのフレームワークを用いた管理効果、すなわち内部管理機能の強化が挙げられます。2つ目のメリットは、外部的なメリットで、第三者認証を取得することによる効果、すなわち、利害関係者に対する安心感の提供です。

▶▶ 内部管理機能の強化

プライバシー情報マネジメントシステムのフレームワークを用いた管理効果には、代表的なものとして、次のようなものが考えられます。

- 適切な情報セキュリティリスクアセスメントやプライバシーリスクアセスメントの実施により、自社の特性に応じた効果的な**プライバシー保護（個人情報の保護）**の仕組みが確立できる
- **GDPR（一般データ保護規則）**とも整合がとれたベストプラクティスの採用により、自社の活動（**PII管理者又はPII処理者**）に応じた、、適切なプライバシー情報マネジメントの仕組みが確立できる

また、これらを、体系的なプライバシー情報マネジメントシステムのPDCA（確立、運用、評価、改善）の活動によって、仕組みを形骸化させず、常に最良の状態に維持することが可能となります。

▶▶ 顧客や利害関係者への安心感の提供

　市場における**企業の個人情報の保護体制**に関する期待や関心はますます高まっています。取引先を選定する企業からすると、従来の購入先（取引先）の選定基準である、**品質**（提供されるサービスや製品そのものの質）、**コスト**（価格）、**スピード**（納期・在庫）、**サービス**（付加価値）に加え、**適切なプライバシー情報マネジメントの確立**にも関心がよせられています。

　したがって、顧客に対して、「当社のプライバシー情報マネジメントは、内部できちんとしていますから大丈夫ですよ」としかアピールできないことと「ご安心ください！　当社は、プライバシー情報マネジメントシステムに関する国際規格であるISO/IEC 27701を認証取得しています！」と顧客にわかりやすい形で「安心」を提供できる企業とでは大きな違いが出てくるといえます。

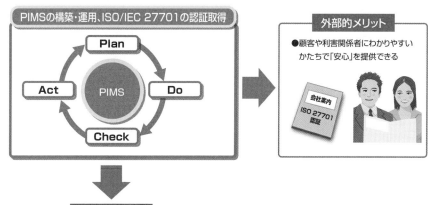

ISO/IEC 27701の認証取得のメリット

PIMSの構築・運用、ISO/IEC 27701の認証取得

Plan　Act　PIMS　Do　Check

外部的メリット

●顧客や利害関係者にわかりやすいかたちで「安心」を提供できる

会社案内　ISO 27701 認証

内部的メリット

●適切な情報セキュリティリスクアセスメントやプライバシーリスクアセスメントの実施により、自社の特性に応じた効果的なプライバシー保護（個人情報の保護）の仕組みが確立できる
●GDPR（一般データ保護規則）とも整合がとれたベストプラクティスの採用により、自社の活動に応じた（PII管理者又はPII処理者）、適切なプライバシー情報マネジメントの仕組みが確立できる

10-2
ISO/IEC 27701の認証取得を実現するためには

ISO/IEC 27701の認証取得を実現するためには、プライバシー情報マネジメントシステムの構築・導入に加え、認証機関から審査を受ける必要があります。

▶▶ 認証取得に必要なこと

ISO/IEC 27701に基づく、プライバシー情報マネジメントシステムの認証取得を実現するためには、ISO/IEC 27701の規格要求事項の理解、推進体制の確立、構築手法の理解と決定、プライバシー情報マネジメントシステムの構築、運用、内部監査の実施とマネジメントレビューの実施に加え、**認証機関からの審査を受審する**必要があります。

また、本書の第3章で解説した通り、ISO/IEC 27701に基づく、プライバシー情報マネジメントシステムの認証は、ISO/IEC 27001に基づく、情報セキュリティマネジメントシステムのアドオン認証となりますので、取得認証取得の方法として、以下の方法があります。

- ISO/IEC 27001と同時に認証を取得する
- ISO/IEC 27001の認証取得後に、ISO/IEC 27701を追加で認証取得する

なお、同時に認証を取得する場合は、ISO/IEC 27001の初回認証審査の際に、ISO/IEC 27701の審査も合わせて、受審します。また、ISO/IEC 27001の認証取得後に、ISO/IEC 27701を追加で認証取得する場合は、ISO/IEC 27001の維持審査や更新審査等の際に、ISO/IEC 27701の審査も合わせて、受審します。

▶▶ 構築及び運用

一般的に、プライバシー情報マネジメントシステムを構築する際には、PIMS管理責任者とPIMS推進チームを中心とした推進プロジェクトを立ち上げて実施する

ケースが多いようです。メンバーは、各部門から選出された代表者によって構成
され、構築、導入を進めていきます。

　なお、最初のステップは、本書の第5章から第7章で紹介したISO/IEC 27701
の規格要求事項や管理策を、推進メンバーが正しく理解することです。手段とし
ては、メンバーによる勉強会の開催や、外部の専門研修機関への参加、コンサル
タントの利用などが考えられます。

　規格要求事項や管理策を正しく理解した後は、本書の第8章や第9章で紹介した
プライバシー情報マネジメントシステムの構築、導入作業を行い、その後、PIMS
内部監査やマネジメントレビューを実施します。

ISO/IEC 27701の認証を取得するためには

●トップマネジメントやPIMS管理
責任者のリーダーシップで推進
●各部門から選出された推進メン
バーによって構成

推進体制の確立

・PIMSの推進体制の確立
・PIMSの適用範囲の決定
・情報セキュリティ方針（プライバ
シー方針）の策定
・プライバシーリスクアセスメント
の実施
・プライバシー情報マネジメントを
確立するためのGap &Fit分析
・プライバシー情報マネジメントの
文書化
・PIMSの導入教育の実施

ISO/IEC 27701の
規格要求事項や管理策の
理解

●メンバーによる勉強
会の開催
●外部の専門研修機
関への参加
●専門的なコンサル
タントの利用など

構築手法の理解と決定

PIMSの構築及び運用

内部監査の実施と
マネジメントレビュー

認証審査の受審

認証取得

第
10
章

ISO／IEC　27701（PIMS）の認証審査を受ける

10-3
ISO/IEC 27701の認証審査を受審する

ISO/IEC 27701をISO/IEC 27001と同時に取得する際は、ISO/IEC 27001の初回認証審査に合わせて、審査を受審します。なお、初回認証審査は、体制面の審査である第1段階審査と運用面の審査である第2段階審査の2つに分けられます。

▶▶ 審査の受審

構築作業にめどがたった段階で、ISO/IEC 27701の審査が可能な認証機関との契約と審査の計画に関する打ち合わせを行います。

ISO/IEC 27701をISO/IEC 27001と同時に認証取得する際は、初回認証審査の際に、ISO/IEC 27701に関する審査を受審します。

なお、ISO/IEC 27001の認証審査は、**予備調査（任意）、第1段階審査（初回の認証に関する審査）、第2段階審査（初回の認証に関する審査）**の認証を取得するための審査と、その認証を維持するための**維持審査**及び**更新審査**があります。このうち、ISO/IEC 27001とISO/IEC 27701の初回認証に必要な審査は、**プライバシー情報マネジメントシステムの枠組みとシステム文書の構築状態を確認する審査である第1段階審査**と、**プライバシー情報マネジメントシステムの実施状況を確認する審査の第2段階審査**になります。

また、予備調査はあくまでも任意であり、必ず受けなければならないというものではありません。ただし、構築したプライバシー情報マネジメントシステムが初回審査に進める状態であるか否かを判断するためには有効であるといえます（外部のコンサルタントなどを利用しない場合など）。

▶▶ 第1段階審査

ISO/IEC 27001の第1段階審査は原則的に審査対象組織のサイト（事業所など）で実施されます。正式な認証審査の最初のステップであり、その審査結果が記載される報告書は、認証の可否の判断に使用されます。致命的なシステムの欠陥（重

大な不適合）が存在する場合は第2段階審査へ移行できないこともありえます。

　なお、第1段階審査は、**プライバシー情報マネジメントシステムの枠組みが確立され、必要な文書が作成されており、ISO/IEC 27001及びISO/IEC 27701の規格要求事項や管理策に適合していることを確認すること**が審査の主となる目的です。したがって、プライバシー情報マネジメントシステムの責任者や推進事務局のメンバーへのインタビューが中心となります。

　ただし、ISO/IEC 27001の規格要求事項の**箇条5リーダーシップや箇条9.3マネジメントレビュー**（ISO/IEC 27701の規格要求事項の規格要求事項の箇条5.3リーダーシップや箇条5.7.3 マネジメントレビュー）などの対象となる審査は、トップマネジメントに深く関わることとなりますので、一般的には、トップマネジメントへのインタビューによって確認されます。

　第1段階審査の結果は、審査の終了後に報告書によって報告されます。なお、第1段階の審査報告書は、不適合や観察事項のほかに、第2段階審査の実施可否について記述されます。不適合が発見された場合はその是正処置を実施することを約束することが第2段階に進む条件になります。

　受審組織は第2段階の前までに是正処置を計画及び実施し、第2段階審査でその内容が確認されます。

初回認証審査のねらいと対象

	初回認証第一段階審査	初回認証第二段階審査
審査のねらい	PIMSの構築状態を確認する	PIMSの実施状況を確認する審査
審査の対象	●PIMSの適用範囲 ●情報セキュリティ及びプライバシー方針 ●PIMS文書 ●重要なマネジメントシステムのフレームワークに関する記録(リスクアセスメントの結果、教育の結果、内部監査、マネジメントレビューなど)	●運用状況(インタビューや観察、手順書・記録によって確認)
受審対象者	主として、 PIMS管理責任者、PIMS推進事務局のメンバー及びトップマネジメント	PIMS管理責任者、PIMS推進事務局のメンバー及びトップマネジメントに加えプロセスの責任者だけでなく、手順を実行している各スタッフ
審査報告者の内容	発見された不適合や観察事項、及び第2段階審査の実施可否	発見された不適合や観察事項、及び認証の推薦の可否

▶▶ 第2段階審査

　第2段階審査の目的は、**構築したプライバシー情報マネジメントシステムが実際に運用され、ISO/IEC 27001及びISO/IEC 27701の規格要求事項や管理策への適合と組織の情報セキュリティ及びプライバシー方針や目的にかなった仕組みであることを確認すること**です。運用の期間は第2段階審査までにおよそ最低でも1カ月〜3カ月を必要とし、運用の証拠として記録の保持が期待されます。

　第2段階審査は、第1段階審査で得られた情報を基に、プライバシー情報マネジメントシステムの各プロセスのそれぞれに関係が深い部門を特定し、効果的なサンプリングによる審査が計画され、実施されます。なお、ISO/IEC 27001及びISO/IEC 27701のプロセスは相互に関係しあうため、審査では各プロセスの流れに従ったプライバシー情報マネジメントのプロセスのかかわりを重視し審査を行います。審査員は各部門での運用をインタビューや観察、手順書・記録によって確認します。また、インタビューの対象はそのプロセスの責任者だけでなく、手順を実行している各スタッフも対象となります。

　審査チームは、第2段階審査の終了後に報告書によって結果の報告を行います。

　なお、第2段階の審査報告書は、不適合や改善の機会のほかに、認証の推薦の可否について記述されます。不適合が発見された場合は、その是正処置を行うことが推薦の条件となります。審査を受審した組織は、不適合を是正するための計画を作成し、審査チームに提出しなければなりません。審査チームによる推薦は、その是正計画が不適合の原因を取り除くのに十分なものであることが確認された後に行われます。

　審査で不適合がなく、又は不適合の是正処置が適切に実施された場合は、審査チームは、認証推薦を行い、その結果に基づき認証取得ができます。

第 **11** 章

プライバシー情報マネジメント文例集

ISO/IEC 27701 の認証取得の準備に参考となる文例集です。

この章では、PII 管理者として活動する組織向けの「プライバシー情報マネジメントマニュアル（PII 管理者編）」と、PII 処理者として活動する組織向けの「プライバシー情報マネジメントマニュアル（PII 処理者編）」の、2つのサンプルを掲載しています。

11-1
プライバシー情報マネジメント
マニュアル(PII管理者編)

ISO/IEC 27701の附属書Aに基づき、PII管理者としての管理目的及び手順を規定したものが、**プライバシー情報マネジメントマニュアル（PII管理者編）**になります。

▶▶ 対象となるISO/IEC 27701:2019の規格要求事項

本「**プライバシー情報マネジメントマニュアル（PII管理者編）**」の対象となるISO/IEC 27701:2019の規格要求事項は、**附属書A（規定）PIMS固有の管理目的及び管理策（PII管理者）**となります。

▶▶ 本マニュアルサンプルの解説

本「**プライバシー情報マネジメントマニュアル（PII管理者編）**」は、PII管理者として活動する組織として、必要な管理の目的と手順が記載できるようになっています。

Ⅲ章に、対象となる個人情報（PII）や本マニュアルに規定された役割を担う部門や担当者を定義できるようになっています。

Ⅳ章以降に、**附属書A（規定）PIMS固有の管理目的及び管理策（PII管理者）**の管理策にしたがって、必要な手順が記載できるようになっています。

▶▶ 作成のポイント

基本的に、取り扱う複数の個人情報（PII）毎に、必要な手順を表に記載する内容になっています。したがって、取り扱う個人情報（PII）の数が、多いようであれば、台帳などを引用するような形式の方が分かりやすいでしょう。

また、取り扱う個人情報（PII）が一つであれば、表ではなく、そのまま手順を記載する方が分かりやすいと思います。

プライバシー情報マネジメント
マニュアル（PII 管理者編）

○○株式会社の ISMS 管理規程

Ver. 1.0

文書番号：PIMS-M00x

初版制定日：YYYY 年 MM 月 DD 日

最終改定日：　　　年　　　月　　　日

承認	審査	起案

文書番号:PIMS-M00x	プライバシー情報マネジメント	初版制定日:YYYY 年 MM 月 DD 日
Ver. 1.0	マニュアル（PII 管理者編）	最終改定日:　　年　月　日

I　目的

　本『プライバシー情報マネジメントマニュアル（PII 管理者編）』は、ISO/IEC 27701 に基づく、PII 管理者としての管理目的及び手順を規定したものである。

　なお、本規程は、『○○（ISMS 基本規程など）』から引用される。

II　改訂履歴

日付	改訂内容及び改訂理由	文書の承認		
		承認	審査	起案
YYYY/MM/DD	初版制定			

文書番号：PIMS-MO0x	プライバシー情報マネジメント	初版制定日：YYYY 年 MM 月 DD 日
Ver. 1.0	マニュアル（PII 管理者編）	最終改定日：　　年　　月　　日

III. 全般

1 基本情報

（1）管理対象の個人情報（PII）

① 本マニュアルに規定された、プライバシー情報マネジメントの管理対象となる、個人情報（PII）は、以下のとおりとする。

個人情報名	含まれる情報	利用（処理）する事業

（2）各部門の役割

① 本マニュアルに規定された、各部門の役割は、以下のとおりとする。

本マニュアルに規定された役割	実施部門
各個人情報（PII）を取り扱う（処理する）部門	
本人（PII 主体）からの要請を受け付ける部門	
苦情等を受付し、対応する部門	
委託先を管理する部門	
共同利用者を管理する部門	

IV. 収集及び処理の条件（A.7.2）

1 利用目的及びその根拠の特定（A.7.2.1、A.7.2.2）

（1）目的

① 当社は、以下を確実にするために、各個人情報（PII）の利用目的（処理の目的）及びその根拠を、特定し、明文化する。

    a 各個人情報（PII）を取り扱う（処理する）、社員に、利用目的（処理の目的）及びその根拠を正しく理解させるため（目的外利用を防止するため）

    b 各個人情報（PII）の本人（PII 主体）に、利用目的（処理の目的）を正しく理解いただくため（個人情報（PII）の利用（処理）に対する同意を得るため）

3

第11章　プライバシー情報マネジメント文例集

文書番号:PIMS-M00x	プライバシー情報マネジメント	初版制定日：YYYY 年 MM 月 DD 日
Ver. 1.0	マニュアル（PII 管理者編）	最終改定日：　　年　　月　　日

(2) 手順

① 各個人情報（PII）の利用目的（処理の目的）及びその根拠は、以下のとおりとする。

個人情報名	利用目的（処理の目的）	根拠

2　利用目的の通知及び同意（A.7.2.3、A.7.2.4）

(1) 目的

① 当社は、各個人情報（PII）の本人（PII 主体）に、利用目的（処理の目的）を通知し、同意を得ることを確実にするために、利用目的の通知及び同意に関する手順を確立し、実施し、維持する。

(2) 手順

① 各個人情報（PII）の利用目的（処理の目的）の通知及び同意の方法、ならびにその記録は、以下のとおりとする。

個人情報名	利用目的（処理の目的）の通知及び同意の方法	記録

② 各個人情報（PII）を取り扱う（処理する）部門は、上記の手順にしたがって、本人（PII 主体）に利用目的（処理の目的）の通知を行い、同意を取得し、その結果の記録を保持しなければならない。

3　新たな処理の追加又は既存の処理の変更時の措置（A.7.2.5）

(1) 目的

① 当社は、個人情報（PII）の新たな処理の追加、又は既存の処理の変更によって、発生が予想されるリスクを特定し、適切な管理を行うことを確実にするために、"プライバシー影響評価"に関する手順を確立し、実施し、維持する。

4

文書番号:PIMS-M00x	プライバシー情報マネジメント	初版制定日：YYYY 年 MM 月 DD 日
Ver. 1.0	マニュアル（PII 管理者編）	最終改定日： 　年　月　日

(2) 手順

① PII 管理責任者は、個人情報（PII）の新たな処理の追加、又は既存の処理の変更を行う際は、事前に、"プライバシー影響評価"を実施する必要性があるかを判断する。なお、判断基準（プライバシー影響評価を必要とする基準）は、以下のとおりとする。

　a 　○○○○○の場合

　b 　○○○○○の場合

　c 　○○○○○の場合

　d 　○○○○○の場合

　e 　○○○○○の場合

② PII 管理責任者は、上記の結果、"プライバシー影響評価"が必要と判断された場合は、以下の手順にしたがい、プライバシー影響評価を実施し、「○○」に記録しなければならない。

　a 　○○○○○に関する評価の実施

　b 　○○○○○に関する評価の実施

　c 　○○○○○に関する評価の実施

　d 　○○○○○に関する評価の実施

　e 　○○○○○に関する評価の実施

　f 　各評価結果に基づく、必要な処置の計画及び実施

4 個人情報（PII）の処理を委託する、委託先の管理（A.7.2.6）

(1) 目的

① 当社は、個人情報（PII）の処理を委託する委託先に、適切に委託業務を遂行させるために、委託先との契約に関する手順を確立し、実施し、維持する。

(2) 手順

① 委託先を管理する部門は、個人情報（PII）の処理を委託することを決定した場合は、委託先との契約を締結する。

② 委託先との契約には、委託先が、ISO/IEC 27701 の附属書 B に規定された管理策を適用することを含めなければならない。

③ もし、委託先に ISO/IEC 27701 の附属書 B に規定された管理策の一部又は全部を適用させないと判断した場合には、その正当な理由を「○○（委託契約に関する稟議書など）」に記載し、PII 管理責任者の承認を得なければならない。

5

第11章 プライバシー情報マネジメント文例集

文書番号：PIMS-M00x	**プライバシー情報マネジメント**	初版制定日：YYYY 年 MM 月 DD 日
Ver. 1.0	**マニュアル（PII 管理者編）**	最終改定日：　　　年　　月　　日

5　個人情報（PII）の共同利用（A.7.2.7）

(1) 目的

① 当社は、個人情報（PII）の共同利用を行う組織と、適切な個人情報（PII）の管理を確実にするために、共同利用を行う組織との役割及び責任を明確にする。

(2) 手順

① 各個人情報（PII）の共同利用の有無及び共同利用者は、以下のとおりとする。

個人情報名	共同利用の有無	共同利用者名

② 共同利用者を管理する部門は、共同利用者との役割及び責任を含んだ契約を締結しなければならない。

6　個人情報（PII）の処理に関する記録（A.7.2.8）

(1) 目的

① 当社は、個人情報（PII）の処理に関する適合性を実証するために、必要な記録を特定し、保持する。

(2) 手順

① 各個人情報（PII）の処理に関する記録は、以下のとおりとする。

個人情報名	処理	記録名

② 各個人情報（PII）を取り扱う（処理する）部門は、上記に規定された記録を作成し、保持しなければならない。

6

文書番号：PIMS-M00x	プライバシー情報マネジメント	初版制定日：YYYY 年 MM 月 DD 日
Ver. 1.0	マニュアル（PII 管理者編）	最終改定日：　　　年　　月　　日

V. 本人（PII 主体）に対する義務（A.7.3）

1 本人（PII 主体）に対する義務の決定及び履行（A.7.3.1）

    (1) 目的

        ① 当社は、各個人情報（PII）の本人（PII 主体）に対する義務を確実にするために、必要な手順を確立し、実施し、維持する。

    (2) 手順

    【法的な義務への対応（個人情報保護に関する法律）①開示等の請求への対応】

        ① 以下に関する、本人（PII 主体）の個人情報（PII）についての権利行使を確実にするための手順は、『○○（個人情報保護法の開示等の要請に対処するための規程など）』に定める。

           a　本人（PII 主体）からの、自己の個人情報（PII）についての開示請求への対応

           b　本人（PII 主体）からの、自己の個人情報（PII）についての訂正および削除への対応

           c　本人（PII 主体）からの、自己の個人情報（PII）についての利用停止請求への対応

        ② 本人（PII 主体）からの要請を受け付ける部門は、上記の”本人（PII 主体）の個人情報（PII）についての権利行使を確実にするための手順”にしたがって、本人からの要請（開示、訂正・削除、利用停止等）への対応を行わなければならない。

    【法的な義務への対応（個人情報保護に関する法律）②苦情や異議申し立てへの対応】

        ① 本人（PII 主体）からの個人情報（PII）の取り扱いについての相談、苦情、異議申し立て等の対応を確実にするための手順は、『○○（個人情報保護法の苦情対応に対処するための規程など）』に定める。

        ② 苦情等を受付し、対応する部門は、上記の”本人（PII 主体）からの苦情等の対応を確実にするための手順”にしたがって、本人からの要請（相談、苦情、異議申し立て等）への対応を行わなければならない。

    【当社の事業上の義務への対応】

        ① 上記以外の各個人情報（PII）の処理に関連する義務は、以下のとおりとする。

個人情報名	ビジネス上の義務	義務を果たすための手順

        ② 各個人情報（PII）を取り扱う（処理する）部門は、上記に規定された義務を確実に遂行しなければならない。

第11章　プライバシー情報マネジメント文例集

文書番号:PIMS-M00x	**プライバシー情報マネジメント**	初版制定日:YYYY 年 MM 月 DD 日
Ver. 1.0	**マニュアル（PII 管理者編）**	最終改定日:　　年　月　日

2　本人（PII 主体）のための情報の決定及び提供（A.7.3.2、A.7.3.3）

（1）目的

   ① 当社は、各個人情報（PII）の本人（PII 主体）に時機を逸せず、適切に情報を提供するため、情報提供の手順を確立し、実施し、維持する。

（2）手順

   ① 本人（PII 主体）に提供する情報及びそれらのタイミングは、以下のとおりとする。

提供する情報	提供のタイミング	備考
当社の個人情報保護に関する原則	契約前（常時、ホームページで公開）	「プライバシーポリシー」に記載
当社の個人情報保護に関する責任者	契約前（常時、ホームページで公開）	「プライバシーポリシー」に記載。
当社の個人情報保護に関する問い合わせ窓口	契約前（常時、ホームページで公開）	「プライバシーポリシー」に記載
個人情報の利用目的	契約時（「○○に記載」）	
個人情報の開示、訂正、利用停止の窓口	契約時（「○○に記載」）	
苦情及び相談の窓口	契約時（「○○に記載」）	
同意の変更及び撤回の受付に関する情報	契約時（「○○に記載」）	
○○○○○○○○	○○○○○○○○○○○○	

   ② 各個人情報（PII）を取り扱う（処理する）部門は、上記の手順にしたがって、本人（PII 主体）に情報を提供しなければならない。

3　同意を変更又は撤回するための仕組みの提供（A.7.3.4）

（1）目的

   ① 当社は、各個人情報（PII）の本人（PII 主体）からの同意の変更や撤回に関する要請に適切に対応するため、同意の変更及び撤回に関する受付及び対応手順を確立し、実施し、維持する。なお、"同意の変更及び撤回の受付に関する情報"は、本マニュアルの"Ⅴ.-2.-(2)"の手順にしたがって、本人（PII 主体）に情報提供を行う。

文書番号：PIMS-M00x	プライバシー情報マネジメント	初版制定日：YYYY 年 MM 月 DD 日
Ver. 1.0	マニュアル（PII 管理者編）	最終改定日：　　年　　月　　日

(2) 手順

① 本人（PII 主体）からの要請を受け付ける部門は、以下に関する要請があった場合は、本マニュアルの"Ⅴ.-1.-(2)"の手順にしたがって、適切な対応を行わなければならない。

a　同意の撤回（個人情報（PII）の利用停止等）

b　同意の変更（個人情報（PII）の一部の削除や訂正等）

4　個人情報（PII）の処理に対する異議申し立ての仕組みの提供（A.7.3.5）

(1) 目的

① 当社は、各個人情報（PII）の本人（PII 主体）から、個人情報（PII）の取扱い（処理）に関する苦情や異議申し立てに適切に対応するため、個人情報（PII）の取扱いに関する苦情の受付及び対応手順を確立し、実施し、維持する。なお、"苦情の受付及び対応手順"は、本マニュアルの"Ⅴ.-2.-(2)"の手順にしたがって、本人（PII 主体）に情報提供を行う。

(2) 手順

① 本人（PII 主体）からの要請を受け付ける部門は、以下に関する要請があった場合は、本マニュアルの"Ⅴ.-1.-(2)"の手順にしたがって、適切な対応を行わなければならない。

a　本人（PII 主体）からの、当社の個人情報（PII）の取り扱いについての苦情や相談への対応

b　本人（PII 主体）からの、当社の個人情報（PII）の取り扱いについての異議申し立てへの対応

5　アクセス、修正及び/又は消去（A.7.3.6）

(1) 目的

① 当社は、各個人情報（PII）の本人（PII 主体）に、自らの個人情報（PII）にアクセスし、それを修正及び/又は消去することができることを確実にするために、データ更新に関するアクセス権を付与するための機能/手順を確立し、実施し、維持する。

(2) 手順

① 各個人情報（PII）のデータ更新に関するアクセス権を付与するための機能/手順は、以下のとおりとする。

個人情報名	データ更新に関するアクセス権を付与するための機能/手順（アクセス権を付与せず、更新を当社が代行する場合は、その手順）	通知するための手順

9

文書番号：PIMS-M00x	プライバシー情報マネジメント	初版制定日：YYYY 年 MM 月 DD 日
Ver. 1.0	マニュアル（PII 管理者編）	最終改定日： 年 月 日

② 各個人情報（PII）を取り扱う（処理する）部門は、上記に規定された手順にしたがって、各個人情報（PII）の本人（PII 主体）に、データ更新に関するアクセス権を付与するための機能／手順を通知しなければならない。

6 **第三者に通知する PII 管理者の義務（A.7.3.7）**

(1) 目的

① 当社は、共同利用している組織に、共同利用している個人情報（PII）に関する同意の変更、撤回又は個人情報（PII）の処理に対する異議について通知し、適切な対応を行うために、共同利用者に対する通知手順を確立し、実施し、維持する。

(2) 手順

① 各個人情報（PII）の共同利用者への通知及び要請に関する手順は、以下のとおりとする。

個人情報名	共同利用者への通知及び要請に関する手順	備考

② 共同利用者を管理する部門は、上記に規定された手順にしたがって、各個人情報（PII）の共同利用者へ通知及び要請を行わなければならない。

7 **処理される個人情報（PII）の複製の提供（A.7.3.8）**

(1) 目的

① 当社は、各個人情報（PII）の本人（PII 主体）から、自己の個人情報（PII）の複製の提供を求められた場合の適切な対応を行うために、個人情報（PII）の複製の提供手順を確立し、実施し、維持する。

(2) 手順

① 本人（PII 主体）からの要請を受け付ける部門は、本マニュアルの" V.-I.-(2)"の手順にしたがって、個人情報（PII）の 本人（PII 主体）からの開示要求に対して対応を行う。

10

文書番号：PIMS-M00x	プライバシー情報マネジメント	初版制定日：YYYY 年 MM 月 DD 日
Ver. 1.0	マニュアル（PII 管理者編）	最終改定日：　　年　　月　　日

8　要請の処理（A.7.3.9）

（1）目的

① 当社は、各個人情報（PII）の本人（PII 主体）からの正当な要請に対応を行うために、個人情報（PII）の開示、訂正・削除、利用停止に関する手順を確立し、実施し、維持する。

（2）手順

① 本人（PII 主体）からの要請を受け付ける部門は、本マニュアルの" V.-1.-(2)"の手順にしたがって、個人情報（PII）の本人（PII 主体）からの要請に対して対応を行わなければならない。

9　自動化された意思決定（A.7.3.8）

（1）目的

① 当社は、当社のシステムにおいて、個人情報（PII）の自動化された処理のみに基づいてなされた意思決定から生じる、本人（PII 主体）に対する義務を特定し、適切に対処するために、必要な手順を確立し、実施し、維持する。

（2）手順

① 各個人情報（PII）の"自動化された処理"に関する情報及び手順は、以下のとおりとする。

個人情報名	各個人情報（PII）を処理システムにおける"自動化された処理"の有無及びその処理の内容	その意思決定による、本人（PII 主体）への影響	影響を考慮した、当社の義務

② 各個人情報（PII）を取り扱う（処理する）部門は、上記に規定された手順にしたがって、本人（PII 主体）に対する必要な義務を遂行しなければならない。

VI.　プライバシー・バイ・デザイン及びプライバシー・バイ・デフォルト（A.7.4）

1　収集制限（A.7.4.1）

（1）目的

① 当社は、個人情報（PII）の利用目的（処理の目的）の達成に必要な範囲で、個人情報（PII）の収集を確実にするために、個人情報（PII）の収集範囲及び収集手順を確立し、実施し、維持する。

11

文書番号：PIMS-MOOx	プライバシー情報マネジメント	初版制定日：YYYY 年 MM 月 DD 日
Ver. 1.0	マニュアル（PII 管理者編）	最終改定日：　　年　　月　　日

(2) 手順

　① 各個人情報（PII）の収集手順及び収集範囲は、以下のとおりとする。

個人情報名	収集手順	収集範囲

　② 各個人情報（PII）を取り扱う（処理する）部門は、上記に規定された収集手順及び収集範囲にしたがって、個人情報（PII）の収集を行わなければならない。

2　処理制限（A.7.4.2）

(1) 目的

　① 当社は、個人情報（PII）の利用目的（処理の目的）の達成に必要な範囲で、個人情報（PII）の処理を確実にするために、個人情報（PII）の目的外利用を防止するための手順を確立し、実施し、維持する。

(2) 手順

　① 各個人情報（PII）を取り扱う（処理する）部門は、本マニュアルの"Ⅳ.-1-(2)"に規定された利用目的（処理の目的）以外の目的で、個人情報（PII）を利用（処理）してはならない。

3　正確性及び品質（A.7.4.3）

(1) 目的

　① 当社は、処理する個人情報（PII）が、正確、完全及び最新であることを確実にするために、必要な手順を確立し、実施し、維持する。

(2) 手順

　① 以下に関する、個人情報（PII）の完全性を確実にするための手順は、『○○（個人情報保護法の個人データの正確性確保に対処するための、情報セキュリティ対策の規程など）』に定める。
　　a　誤入力を防止するための機能／手順
　　b　不正なアクセス（更新）を防止するための機能／手順
　　c　バックアップ機能／手順
　② 各個人情報（PII）を取り扱う（処理する）部門は、上記の"個人情報（PII）の完全性を確実にするための手順"の手順にしたがって、個人情報（PII）の完全性を確実にしなければならない。

12

文書番号：PIMS-M00x	プライバシー情報マネジメント	初版制定日：YYYY 年 MM 月 DD 日
Ver. 1.0	マニュアル（PII 管理者編）	最終改定日：　　年　　月　　日

4　個人情報（PII）の最小化目標（A.7.4.4）

　(1) 目的

　　① 当社は、個人情報（PII）のデータの最小化を確実にするために、データの非識別化の機能／手順を確立し、実施し、維持する。

　(2) 手順

　　① 各個人情報（PII）の非識別化の方法は、以下のとおりとする。

個人情報名	処理	処理に必要な個人情報（PII）の項目	各処理に必要のない個人情報（PII）の項目及びその非識別化の方法

　　② 各個人情報（PII）を取り扱う（処理する）部門は、上記に規定された機能／手順にしたがって、データの非識別化を行わなければならない。

5　処理終了時の個人情報（PII）の非識別化及び削除（A.7.4.5）

　(1) 目的

　　① 当社は、個人情報（PII）が特定された利用目的（処理の目的）のために必要でなくなった場合に、個人情報（PII）の削除又は本人（PII 主体）の識別若しくは再識別が出来ないようにすることを確実にするために、データの削除／非識別化の手順を確立し、実施し、維持する。

　(2) 手順

　　① 各個人情報（PII）のデータの削除／非識別化は、以下のとおりとする。

個人情報名	処理の完了後の個人情報（PII）のデータの削除／非識別化の方法

　　② 各個人情報（PII）を取り扱う（処理する）部門は、上記に規定された手順にしたがって、データの削除／非識別化を行わなければならない。

13

11-1　プライバシー情報マネジメントマニュアル（PII管理者編）

文書番号:PIMS-M00x	プライバシー情報マネジメント	初版制定日：YYYY 年 MM 月 DD 日
Ver. 1.0	マニュアル（PII 管理者編）	最終改定日：　　　年　　月　　日

6　一時ファイル（A.7.4.6）

(1) 目的

① 当社は、個人情報（PII）の処理の結果で生成された一時ファイルが、期限内に削除されることを確実にするために、一時ファイルの削除及び削除の期限に関する手順を確立し、実施し、維持する。

(2) 手順

① 各個人情報（PII）のシステム毎の、一時ファイルの削除及び削除の期限は、以下のとおりとする。

個人情報名	システム名	生成される一時ファイル	一時ファイルの削除期限

② 各個人情報（PII）を取り扱う（処理する）部門は、上記に規定された手順にしたがって、一時ファイルの削除を行わなければならない。

7　保持（A.7.4.7）

(1) 目的

① 当社は、個人情報（PII）が特定された利用目的（処理の目的）のために必要でなくなった場合に、個人情報（PII）の削除が、期限内に廃棄／消去されることを確実にするために、個人情報（PII）の保管期限及び廃棄／消去の時期に関する手順を確立し、実施し、維持する。

(2) 手順

① 各個人情報（PII）の個人情報（PII）の保管期限及び廃棄／消去の時期は、以下のとおりとする。

個人情報名	個人データ／媒体	保管期限	消去の時期

② 各個人情報（PII）を取り扱う（処理する）部門は、上記に規定された時期に、個人情報（PII）の廃棄／消去を行う。なお、廃棄／消去にあたっては、本マニュアルの"Ⅵ.-8.-(2)"の手順にしたがって、安全な方法用いて行わなければならない。

14

文書番号：PIMS-M00x	プライバシー情報マネジメント	初版制定日：YYYY 年 MM 月 DD 日
Ver. 1.0	マニュアル（PII 管理者編）	最終改定日：　　年　　月　　日

8 **処分（A.7.4.8）**

(1) 目的

① 当社は、個人情報（PII）がセキュリティを保った、廃棄／消去をされることを確実にするために、個人情報（PII）が保管されていた媒体ごとの廃棄／消去に関する手順を確立し、実施し、維持する。

(2) 手順

① 以下に関する、個人情報（PII）が保管されていた媒体ごとのセキュリティを保った、廃棄／消去に関する手順は、『○○（個人情報保護法の個人データの安全管理措置に対処するための、情報セキュリティ対策の規程など）』に定める。

　a　個人情報（PII）を含むデータの消去

　b　個人情報（PII）が記載されていた紙媒体の廃棄

　c　個人情報（PII）が保存されていた媒体の廃棄

　d　個人情報（PII）が保存されていた装置の廃棄

② 各個人情報（PII）を取り扱う（処理する）部門は、上記の"媒体ごとの廃棄／消去に関する手順"にしたがって、個人情報（PII）のセキュリティを保った、廃棄／消去を確実にしなければならない。

9 **個人情報（PII）の送信の管理策（A.7.4.9）**

(1) 目的

① 当社は、データ送信ネットワーク上で送信される個人情報（PII）が、その意図する宛先に到達することを確実にするために、個人情報（PII）のセキュリティを保った送信に関する管理策を確立し、実施し、維持する。

(2) 手順

① 個人情報（PII）のセキュリティを保った送信に関する管理策は、『○○（個人情報保護法の個人データの安全管理措置に対処するための、情報セキュリティ対策の規程など）』に定める。

② 各個人情報（PII）を取り扱う（処理する）部門は、上記の"セキュリティを保った送信に関する管理策"にしたがって、個人情報（PII）のセキュリティを保った送信を確実にしなければならない。

15

第11章 プライバシー情報マネジメント文例集

文書番号：PIMS-M00x	**プライバシー情報マネジメント**	初版制定日：YYYY 年 MM 月 DD 日
Ver. 1.0	**マニュアル（PII 管理者編）**	最終改定日：　　年　　月　　日

VII.　**個人情報（PII）の共有、移転及び開示（A.7.5）**

1　**法域間での個人情報（PII）の移転の根拠の特定（A.7.5.1）**

　(1) 目的

　　① 当社は、個人情報（PII）を外国の組織に移転する場合、その適切性を説明できるようにするため、その根拠を明確にする。

　(2) 手順

　　① 各個人情報（PII）の外国の組織への移転の有無及びその根拠は、以下のとおりとする。

個人情報名	外国にある組織への移転の有無	移転する国及び組織名	根拠

2　**個人情報（PII）の移転が可能な国及び国際的な組織（A.7.5.2）**

　(1) 目的

　　① 当社は、日本の法令が適用されず、また個人情報（PII）保護に関する法令が整備されていない国に、個人情報（PII）が移転されることを防止するために、個人情報（PII）を移転することが可能な国及び組織を明確にする。

　(2) 手順

　　① PII 管理責任者は、個人情報（PII）を移転することが可能な国及び組織を、『○○（移転可能国及び組織のリストなど）』に定める。

　　② 各個人情報（PII）を取り扱う（処理する）部門は、『○○』に規定された国及び組織以外に、個人情報（PII）の移転を行ってはならない。

3　**個人情報（PII）の移転の記録（A.7.5.3）**

　(1) 目的

　　① 当社は、個人情報（PII）の第三者への移転及び第三者からの移転を適切に管理するために、個人情報（PII）の第三者への移転及び第三者からの移転に関する手順を確立し、実施し、維持する。

　(2) 手順

16

文書番号:PIMS-M00x	プライバシー情報マネジメント	初版制定日：YYYY 年 MM 月 DD 日
Ver. 1.0	マニュアル（PII 管理者編）	最終改定日： 年 月 日

① 以下に関する、個人情報（PII）の第三者への移転及び第三者からの移転に関する手順は、『○○（個人情報保護法の第三者提供に関する手順が規定された、個人情報取扱規程など）』に定める。

a 第三者への移転に関する本人（PII 主体）からの同意の取得

b 第三者への移転に係る記録の作成

c 第三者から移転を受ける際の確認及び記録の作成

② 各個人情報（PII）を取り扱う（処理する）部門は、上記の"個人情報（PII）の第三者への移転及び第三者からの移転に関する手順"にしたがって、個人情報（PII）の第三者への移転及び第三者からの移転に関する手続きを確実にしなければならない。

4 第三者への個人情報（PII）の開示の記録（A.7.5.4）

（1）目的

① 当社は、個人情報（PII）の第三者への開示の適法性を実証するために、個人情報（PII）を第三者に開示した際の記録の作成に関する手順を確立し、実施し、維持する。

（2）手順

① PII 管理責任者は、顧客（PII 主体）との契約を考慮し、以下に関する、個人情報（PII）の第三者への開示に関する情報を、『○○（開示を許可する第三者のリストなど）』に登録する。

a 開示可能な第三者（適法な捜査協力を含む）

b 開示した際の記録（開示先、理由、開示範囲、開示した日時を含む）

② 各個人情報（PII）を取り扱う（処理する）部門は、『○○』に規定された開示可能な第三者以外に、個人情報（PII）の開示を行ってはならない。

③ 各個人情報（PII）を取り扱う（処理する）部門は、『○○』に規定された開示可能な第三者に、個人情報（PII）を開示した場合は、規定された記録を作成し、保持しなければならない。

第11章 プライバシー情報マネジメント文例集

17

11-2
プライバシー情報マネジメント
マニュアル（PII処理者編）

ISO/IEC 27701の附属書Bに基づき、PII処理者としての管理目的及び手順を規定したものが、**プライバシー情報マネジメントマニュアル（PII処理者編）**になります。

▶▶ 対象となるISO/IEC 27701:2019の規格要求事項

本「**プライバシー情報マネジメントマニュアル（PII処理者編）**」の対象となるISO/IEC 27701:2019の規格要求事項は、**附属書B（規定）PIMS固有の管理目的及び管理策（PII処理者）**となります。

▶▶ 本マニュアルサンプルの解説

本「**プライバシー情報マネジメントマニュアル（PII処理者編）**」は、PII処理者として活動する組織として、必要な管理の目的と手順が記載できるようになっています。

Ⅲ章に、対象となる個人情報（PII）や本マニュアルに規定された役割を担う部門や担当者を定義できるようになっています。

Ⅳ章以降に、**附属書B（規定）PIMS固有の管理目的及び管理策（PII処理者）**の管理策にしたがって、必要な手順が記載できるようになっています。

▶▶ 作成のポイント

一部の手順は、既存の規程（個人データの安全管理措置に関する規程など）を参照するようになっています。

オールインワンタイプのマニュアルを作成することを検討される場合は、既存の規程を引用するのではなく、本マニュアルにそのまま手順を記載することをお勧めします（個人情報（PII）のセキュリティを保った返却、移転、処分に関する手順、個人情報（PII）のセキュリティを保った送信手順など）。

プライバシー情報マネジメントマニュアル（PII処理者編）

プライバシー情報マネジメント マニュアル（PII 処理者編）

○○株式会社の ISMS 管理規程

Ver. 1.0

文書番号：PIMS-M00x

初版制定日：YYYY 年 MM 月 DD 日

最終改定日：　　　年　　　月　　　日

承認	審査	起案

第11章 プライバシー情報マネジメント文例集

文書番号:PIMS-M00x	プライバシー情報マネジメント	初版制定日：YYYY 年 MM 月 DD 日
Ver. 1.0	マニュアル（PII 処理者編）	最終改定日：　　年　　月　　日

I 目的

　本『プライバシー情報マネジメントマニュアル（PII 処理者編）』は、ISO/IEC 27701 に基づく、PII 処理者としての管理目的及び手順を規定したものである。

　なお、本規程は、『○○（ISMS 基本規程など）』から引用される。

II 改訂履歴

日付	改訂内容及び改訂理由	文書の承認		
		承認	審査	起案
YYYY/MM/DD	初版制定			

文書番号：PIMS-M00x	プライバシー情報マネジメント	初版制定日：YYYY 年 MM 月 DD 日
Ver. 1.0	マニュアル（PII 処理者編）	最終改定日：　　年　　月　　日

III. 全般

1 基本情報

（1）管理対象の個人情報（PII）

　① 本マニュアルに規定された、プライバシー情報マネジメントの管理対象となる、個人情報（PII）は、以下のとおりとする。

個人情報名	含まれる情報	委託業務名	顧客の分類（PII 管理者又は PII 処理者）

（2）各部門の役割

　① 本マニュアルに規定された、各部門の役割は、以下のとおりとする。

本マニュアルに規定された役割	実施部門
顧客を管理する部門	
各個人情報（PII）を処理する部門	

IV. 収集及び処理の条件（B.8.2）

1 顧客の合意（B.8.2.1）

（1）目的

　① 当社は、顧客の義務を支援するための役割を果たすため、適切内容を含んだ契約書に基づき、顧客と契約を行う。なお、本人（PII 主体）に対する顧客の義務には、以下を含む。

　　a　本人（PII 主体）からの自己の個人情報（PII）の開示要請

　　b　本人（PII 主体）からの自己の個人情報（PII）の訂正等の要請

　　c　本人（PII 主体）からの自己の個人情報（PII）の利用停止等の要請

（2）手順

　① 顧客を管理する部門は、以下の内容を含んだ、契約書に基づき、個人情報（PII）の処理に関する契約を顧客と締結しなければならない。

　　a　本人（PII 主体）に対する、顧客の義務を支援するための当社の役割

3

文書番号：PIMS-M00x	プライバシー情報マネジメント	初版制定日：YYYY 年 MM 月 DD 日
Ver. 1.0	マニュアル（PII 処理者編）	最終改定日：　　　年　　月　　日

    b　第三者からの開示要請があった場合の措置（B.8.5.5）

    c　○○○○○○

    d　○○○○○○

    e　○○○○○○

2　組織の目的（B.8.2.2）

  （1）目的

    ①　当社は、目的外利用を防止することを確実にするために、顧客との契約書に明示されている、委託業務の目的に基づき、各個人情報（PII）の処理の目的を、明文化し、周知する

  （2）手順

    ①　各個人情報（PII）の処理の目的は、以下のとおりとする。

個人情報名	処理の目的

    ②　各個人情報（PII）を処理する部門は、上記に規定された処理の目的以外の目的で、個人情報（PII）を利用（処理）してはならない。

3　マーケティング及び広告のための使用（B.8.2.3）

  （1）目的

    ①　当社は、不適切な個人情報（PII）の利用を防止するために、顧客との契約条件及び個人情報（PII）の適切な処理に関する手順を確立し、実施し、維持する。なお、不適切な個人情報（PII）の利用には、本人（PII主体）の同意を得ないで、顧客から預託された個人情報（PII）を、当社のマーケティングや広告に利用することを含む。

  （2）手順

    ①　顧客を管理する部門は、預託された PII（個人情報）をマーケティング及び広告の目的に使用することに同意することを、委託業務を受ける条件にしてはならない。

    ②　各個人情報（PII）を処理する部門は、本人（PII主体）の同意を得ないで、顧客から預託された個人情報（PII）を、当社のマーケティングや広告に利用してはならない。

4

文書番号：PIMS-M00x	プライバシー情報マネジメント	初版制定日：YYYY 年 MM 月 DD 日
Ver. 1.0	マニュアル（PII 処理者編）	最終改定日：　　年　　月　　日

4　侵害的指示（B.8.2.4）

(1) 目的

① 当社は、顧客からの指示が法令の不順守になる場合の、顧客への通知に関する手順を確立し、実施し、維持する。

(2) 手順

① 顧客を管理する部門は、顧客からの指示や依頼が法令違反になる場合は、以下を含む、適切な内容を通知しなければならない。

 a　受けた指示の内容

 b　不順守となる根拠法令

 c　○○

 d　○○

5　顧客の義務（B.8.2.5）

(1) 目的

① 当社は、顧客が自らの義務の順守を実証できるようするために、適切な情報を顧客に提供するための手順を確立し、実施し、維持する。

(2) 手順

① 顧客を管理する部門は、顧客から求められた場合は、以下を含む、要求された情報を顧客へ提供しなければならない。

 a　個人情報（PII）の保護の体制に関する情報

 b　個人情報（PII）を適切に処理するための手順書などの情報

 c　個人情報（PII）を適切に処理している記録

 d　個人情報（PII）を処理する社員に対する教育の記録

 e　個人情報（PII）を処理する社員との秘密保持に関する合意の記録

 f　個人情報（PII）を処理する部門で実施している点検の記録

 g　個人情報（PII）を処理する部門に実施した内部監査の記録

 h　○○○○

 i　○○○○

第11章　プライバシー情報マネジメント文例集

文書番号：PIMS-M00x	プライバシー情報マネジメント	初版制定日：YYYY 年 MM 月 DD 日
Ver. 1.0	マニュアル（PII 処理者編）	最終改定日：　　　年　　月　　日

6　個人情報（PII）の処理に関する記録（B.8.2.6）

（1）目的

① 当社は、個人情報（PII）の処理に関する適合性を実証するために、必要な記録を特定し、保持する。

（2）手順

① 各個人情報（PII）の処理に関する記録は、以下のとおりとする。

個人情報名	処理	記録名

② 各個人情報（PII）を処理する部門は、上記に規定された記録を作成し、保持しなければならない。

V.　本人（PII主体）に対する義務（B.8.3）

1　本人（PII主体）に対する義務の決定及び履行（B.8.3.1）

（1）目的

① 当社は、個人情報（PII）の本人（PII主体）に対する義務を顧客が履行できるようにするために、必要な手順を確立し、実施し、維持する。

（2）手順

① 顧客が個人情報（PII）の本人（PII主体）に対する義務を履行するための、当社の支援に関する手順は、以下のとおりとする。

顧客の義務	当社の手順
顧客（PII管理者）が本人（PII主体）から受けた、開示の要請	
顧客（PII管理者）が本人（PII主体）から受けた、訂正等の要請	
顧客（PII管理者）が本人（PII主体）から受けた、利用停止等の要請	

② 各個人情報（PII）を処理する部門は、顧客から依頼があった場合は、上記の手順にしたがって、顧客が義務を履行するための支援を行わなければならない。

6

文書番号:PIMS-M00x	プライバシー情報マネジメント	初版制定日：YYYY 年 MM 月 DD 日
Ver. 1.0	マニュアル（PII 処理者編）	最終改定日：　　年　　月　　日

VI. プライバシー・バイ・デザイン及びプライバシー・バイ・デフォルト（B.8.4）

1　一時ファイル（B.8.4.1）

(1) 目的

　① 当社は、個人情報（PII）の処理の結果で生成された一時ファイルが、期限内に削除されることを確実にするために、一時ファイルの削除及び削除の期限に関する手順を確立し、実施し、維持する。

(2) 手順

　① 各個人情報（PII）のシステム毎の、一時ファイルの削除及び削除の期限は、以下のとおりとする。

個人情報名	システム名	生成される一時ファイル	一時ファイルの削除期限

　② 各個人情報（PII）を処理する部門は、上記に規定された手順にしたがって、一時ファイルの削除を行わなければならない。

2　個人情報（PII）の返却、移転、処分（B.8.4.2）

(1) 目的

　① 当社は、契約の終了時などにおいて、預託された個人情報（PII）の安全管理を確実にするために、個人情報（PII）のセキュリティを保った、返却、移転、処分に関する手順を確立し、実施し、維持する。

(2) 手順

　① 以下に関する、個人情報（PII）のセキュアな処理に関する手順は、『○○（個人情報保護法の個人データの安全管理措置に対処するための、情報セキュリティ対策の規程など）』に定める。

　　a　個人情報（PII）のセキュアな返却に関する機能／又は手順

　　b　個人情報（PII）のセキュアな移転に関する機能／又は手順

　　c　個人情報（PII）のセキュアな処分に関する機能／又は手順

　② 各個人情報（PII）を処理する部門は、上記の"セキュアな処理に関する手順"にしたがって、個人情報（PII）のセキュリティを保った、返却、移転、処分を確実にしなければならない。

　③ 顧客を管理する部門は、上記の"セキュアな処理に関する手順"を、『○○』に記載し、顧客に開示しなければならない。

7

文書番号：PIMS-M00x	プライバシー情報マネジメント	初版制定日：YYYY 年 MM 月 DD 日
Ver. 1.0	マニュアル（PII 処理者編）	最終改定日：　　　年　　月　　日

3　個人情報（PII）の送信の管理策（B.8.4.3）

(1) 目的

① 当社は、データ送信ネットワーク上で送信される個人情報（PII）が、その意図する宛先に到達することを確実にするために、個人情報（PII）のセキュリティを保った送信に関する管理策を確立し、実施し、維持する。

(2) 手順

① 個人情報（PII）のセキュリティを保った送信に関する管理策は、『○○（個人情報保護法の個人データの安全管理措置に対処するための、情報セキュリティ対策の規程など）』に定める。

② 各個人情報（PII）を処理する部門は、上記の"セキュリティを保った送信に関する管理策"にしたがって、個人情報（PII）のセキュリティを保った送信を確実にしなければならない。

VII.　個人情報（PII）の共有、移転及び開示（B.8.5）

1　法域間での個人情報（PII）の移転の根拠の特定（B.8.5.1）

(1) 目的

① 当社は、顧客から預託された個人情報（PII）を外国の組織に移転する必要が発生した場合、事前に顧客へ通知し、許可を得るために、その根拠を明確にする。

(2) 手順

① 顧客を管理する部門は、顧客から預託された個人情報（PII）を外国の組織に移転する必要が発生した場合は、本マニュアルの"VII.-2-(2)"に規定された国以外には、移転してはならない。

② 顧客を管理する部門は、顧客から預託された個人情報（PII）を外国の組織に移転する必要が発生した場合は、以下を含む、必要な情報を顧客へ通知し、許可を得なければならない。

a　移転する国

b　移転する組織

c　移転する根拠

2　個人情報（PII）の移転が可能な国及び国際的な組織（B.8.5.2）

(1) 目的

① 当社は、日本の法令が適用されず、また個人情報（PII）保護に関する法令が整備されていない国に、預託された個人情報（PII）が移転されることを防止するために、個人情報（PII）を移転することが可能な国及び組織を明確にする。

8

文書番号:PIMS-M00x	プライバシー情報マネジメント	初版制定日：YYYY 年 MM 月 DD 日
Ver. 1.0	マニュアル（PII 処理者編）	最終改定日：　　年　　月　　日

(2) 手順

① PII 管理責任者は、個人情報（PII）を移転することが可能な国及び組織を、『○○（移転可能国及び組織のリストなど）』に定める。

② 各個人情報（PII）を処理する部門は、『○○』に規定された国及び組織以外に、個人情報（PII）の移転を行ってはならない。

3　第三者への個人情報（PII）の開示の記録（B.8.5.3）

(1) 目的

① 当社は、預託された個人情報（PII）の第三者への開示の適法性を実証するために、個人情報（PII）を第三者に開示した際の記録の作成に関する手順を確立し、実施し、維持する。

(2) 手順

① PII 管理責任者は、顧客との契約を考慮し、以下に関する、預託された個人情報（PII）の第三者への開示に関する情報を、『○○（開示を許可する第三者のリストなど）』に登録する。

　　a　開示可能な第三者（適法な捜査協力を含む）

　　b　開示した際の記録（開示先、理由、開示範囲、開示した日時を含む）

② 各個人情報（PII）を処理する部門は、『○○』に規定された開示可能な第三者以外に、個人情報（PII）の開示を行ってはならない。

③ 各個人情報（PII）を処理する部門は、『○○』に規定された開示可能な第三者に、個人情報（PII）を開示した場合は、規定された記録を作成し、保持しなければならない。

4　個人情報（PII）の開示要請の通知（B.8.5.4）

(1) 目的

① 当社は、顧客から預託された個人情報（PII）の何らかの法的拘束力のある開示要請があった場合の、顧客に通知するための手順を確立し、実施し、維持する。

(2) 手順

① 顧客を管理する部門は、顧客から預託された個人情報（PII）に対し、法的拘束力のある開示要請を受け付けた場合は、以下を含む情報を顧客に通知し、顧客との契約で合意された要件を受け入れなければならない。

　　a　開示要請を受けた組織

　　b　開示の理由

9

文書番号：PIMS-M0x	プライバシー情報マネジメント	初版制定日：YYYY 年 MM 月 DD 日
Ver. 1.0	マニュアル（PII 処理者編）	最終改定日：　　年　　月　　日

5　法的拘束力のある個人情報（PII）の開示（B.8.5.5）

(1) 目的

① 当社は、顧客から預託された個人情報（PII）の法的拘束力のない開示要請を拒否し、如何なる開示要請があった場合でも顧客に相談することとし、そのための手順を確立し、実施し、維持する。

(2) 手順

① 顧客を管理する部門は、顧客から預託された個人情報（PII）に対し、法的拘束力のない開示要請を受け付けた場合は、拒否しなければならない。

② 顧客を管理する部門は、顧客から預託された個人情報（PII）に対し、如何なる開示要請があった場合でも、以下を含む情報を顧客に通知し、相談し、顧客との契約で合意された要件を受け入れなければならない。

a　開示要請を受けた組織

b　開示の理由

6　個人情報（PII）の処理に使用する下請負者の開示（B.8.5.6）

(1) 目的

① 当社は、顧客との契約で、再委託が許可されている場合において、顧客から委託を受けた個人情報（PII）の処理を再委託する必要が発生した場合に、事前に顧客へ通知し、許可を得るための手順を確立し、実施し、維持する。

(2) 手順

① 顧客を管理する部門は、顧客から委託を受けた個人情報（PII）の処理を再委託する必要が発生した場合は、以下を含む、必要な情報を顧客へ通知し、許可を得なければならない。

a　再委託する理由

b　再委託する個人情報（PII）の処理

c　再委託先

7　個人情報（PII）を処理する下請負者の関与（B.8.5.7）

(1) 目的

① 当社は、顧客との契約で、再委託が許可されている場合は、顧客から承認を受けた再委託先のみを使用することを確実にするための手順を確立し、実施し、維持する。

(1) 手順

10

文書番号:PIMS-M00x	プライバシー情報マネジメント	初版制定日：YYYY 年 MM 月 DD 日
Ver. 1.0	マニュアル（PII 処理者編）	最終改定日：　　年　　月　　日

① 顧客を管理する部門は、顧客から再委託の許可を受けた場合は、各個人情報（PII）を処理する部門にその再委託先との契約を締結するよう指示を行う。

② 各個人情報（PII）を処理する部門は、許可を受けた再委託先と契約を締結する。

③ 各個人情報（PII）を処理する部門は、許可を受けた再委託先以外に、顧客から委託を受けた個人情報（PII）の処理を再委託してはならない。

8　個人情報（PII）を処理する下請負者の変更（8.8.5.8）

(1) 目的

① 当社は、顧客との契約で、再委託が許可されている場合において、顧客から承認を受けた再委託先の変更の必要が発生した場合に、事前に顧客へ通知し、許可を得るための手順を確立し、実施し、維持する。

(2) 手順

① 顧客を管理する部門は、顧客から再委託の許可を受けた委託先の変更の必要が発生した場合は、以下を含む、必要な情報を顧客へ通知し、許可を得なければならない。

　　a　再委託先を変更する理由

　　b　再委託する個人情報（PII）の処理

　　c　再委託先

11

おわりに

　ISO/IEC 27701の認証取得は、あくまでも手段でありゴールではありません。したがって、組織を取り巻く環境の変化に合わせ、常に仕組みを最良の状態にすることが最も重要なことだと思われます。

　また、トップの方々が積極的に関与し、継続的な改善を行うことによりスパイラルアップさせて行くことが、構築したプライバシー情報マネジメントシステム（PIMS）を形骸化させないための重要キーワードであるといえるでしょう。

　ぜひ本書をご活用いただき、皆様の効果的なプライバシー情報マネジメントシステム（PIMS）の構築及び改善にお役立ていただければ幸いです。

　なお、本書に書かれている内容につきましては、著者が責任を持って推奨しておりますが、これをもってISO/IEC 27701の認証取得を保証するものではありません。

　最後に、本書がこのような形で世に出せるのは、当社にコンサルティングの機会をいただき、一緒に課題の解決に参画していただいた多くのお客様のおかげだと思っています。この場をお借りして深く感謝の意を表させていただきます。

2021年8月吉日

著者　打川　和男

【本書に関するお問い合わせ】

本書の内容に関するお問い合わせは、下記までお願いいたします。

＜お問い合わせ先＞

編著者　打川　和男

株式会社TWS総合研究所　代表取締役

e-mail　kazuo.uchikawa@twsri.co.jp

索
引

著者紹介

打川　和男 <small>（うちかわ　かずお）</small>
株式会社TWS総合研究所 代表取締役

IRCA登録　品質マネジメントシステム審査員補 (ISO 9001)
IRCA登録　環境マネジメントシステム審査員補 (ISO 14001)
IRCA登録　情報セキュリティマネジメントシステム審査員補 (ISO/IEC 27001)
IRCA登録　ITサービスマネジメントシステム審査員補 (ISO/IEC 20000-1)
IRCA登録　労働安全衛生マネジメントシステム審査員補 (OHSAS 18001)
IRCA登録　事業継続マネジメントシステム審査員補 (ISO 22301)

　株式会社ジェイエムシーにおいて、ビジネスコンサルティングに従事した後、マネジメントコンサルティング事業を立ち上げ、ISO 9001、ISO 14001、ISMS/BS 7799、プライバシーマーク、ITSMS認証取得支援コンサルティング業務、講演、執筆活動に従事。

　2006年にISOの認証機関である、BSI(英国規格協会)の教育事業本部長として各種マネジメントシステム規格の普及活動、各種研修コースの開発、講演、執筆活動に従事。

　2011年に、株式会社アイテクノにおいて、研修及びコンサルティング事業を立ち上げ、自らも取締役副社長兼上席コンサルタントとして研修講師及びコンサルタントとして活動。

　2016年より、株式会社TWS総合研究所の代表取締役兼上席コンサルタントとして、情報セキュリティや個人情報保護に関するコンサルティング、ISOマネジメントシステム認証取得支援コンサルティング業務、講演、企業内研修・執筆活動に従事している。

著書

編著　図解入門ビジネス 最新 個人情報保護法の基本と実務対策がよ〜くわかる本(秀和システム)
編著　図解入門ビジネス 事業継続マネジメントシステムISO 22301 2019のすべてがよ〜くわかる本(秀和システム)
編著　Q&Aシリーズ　災害・事故・疫病に負けない会社を作る BCP 策定のすすめ(税経)
編著　ISO 45001文例集(秀和システム)
編著　プライバシーマーク文例集(秀和システム)
編著　ISO 27001文例集(秀和システム)
編著　図解入門ビジネス サービスマネジメントシステム ISO/IEC 20000-1 2018のすべてがよ〜くわかる本(秀和システム)
編著　図解入門ビジネス 労働安全衛生マネジメントシステム ISO 45001 2018のすべてがよ〜くわかる本(秀和システム)
編著　図解入門ビジネス 最速 プライバシーマーク取得がよ〜くわかる本【第4版】(秀和システム)
編著　図解入門ビジネス 最新 ISO 9001 2015文例集(秀和システム)
編著　図解入門ビジネス 最新 ISO 27017とISO 27018がよ〜くわかる本(秀和システム)
編著　図解入門ビジネス 最新 ITIL(R)とISO/IEC 20000がよ〜くわかる本(秀和システム)
編著　図解入門ビジネス 最新 事業継続マネジメントとBCP(事業継続計画)がよ〜くわかる本(秀和システム)
編著　図解入門ビジネス 最新 ISO 14001 2015のすべてがよ〜くわかる本(秀和システム)
編著　図解入門ビジネス 最新 ISO 9001 2015のすべてがよ〜くわかる本(秀和システム)

編著　図解入門ビジネス 最速 プライバシーマーク取得がよ～くわかる本【第3版】(秀和システム)
編著　Q&Aシリーズ　中小企業のマイナンバー対策(税経)
編著　図解入門ビジネス ISO 29990の基本と仕組みがよ～くわかる本【第2版】(秀和システム)
編著　図解入門ビジネス 最新 ISO 27001 2013の仕組みがよ～くわかる本(秀和システム)
編著　図解入門ビジネス ISO 39001 道路交通安全管理がよ～くわかる本(秀和システム)
編著　文書管理を効率化! ISO 14001文例集(秀和システム)
編著　図解入門ビジネス ISO 22301 事業継続管理がよ～くわかる本(秀和システム)
編著　文書管理を効率化! ISO 9001文例集(秀和システム)
編著　図解入門ビジネス 最新 ISO 27001の基本と実践がよ～くわかる本(秀和システム)
編著　図解入門ビジネス 最新 ISO 9001の基本と実践がよ～くわかる本(秀和システム)
編著　図解入門ビジネス ISO 29990の基本と仕組みがよ～くわかる本(秀和システム)
編著　図解入門ビジネス ISO 20000 2011の基本と仕組みがよ～くわかる本(秀和システム)
編著　図解入門ビジネス 最速 プライバシーマーク取得がよ～くわかる本【第2版】(秀和システム)
編著　図解入門ビジネス ISO 50001の基本と仕組みがよ～くわかる本(秀和システム)
編著　図解入門ビジネス 最新 消費者保護と苦情対応がよ～くわかる本(秀和システム)
編著　図解入門ビジネス 最新 ITIL V3の基本と仕組みがよ～くわかる本(秀和システム)
編著　図解入門ビジネス 最新 温暖化対策の基本と仕組みがよ～くわかる本(秀和システム)
編著　図解入門ビジネス 最新 事業継続管理の基本と仕組みがよ～くわかる本(秀和システム)
編著　図解入門ビジネス 最新 IT統制の基本と仕組みがよ～くわかる本(秀和システム)
編著　図解入門ビジネス ISO 20000の基本と仕組みがよ～くわかる本(秀和システム)
編著　図解入門ビジネス 最速 プライバシーマーク取得がよ～くわかる本 新JIS対応版(秀和システム)
編著　図解入門ビジネス 最新 ITILがよ～くわかる本(秀和システム)
編著　図解入門ビジネス 最速 プライバシーマークの取得実務がよ～くわかる本(秀和システム)
編著　"市場の失敗事例で学ぶ"情報セキュリティポリシーの実践的構築手法(オーム社)
共著　個人情報保護法と企業対応(清文社)

執筆協力者

青野　日子 (あおの　あきこ)

株式会社TWS総合研究所　コンサルタント

　情報サービス会社において、プライバシーマークやISMS、ISO9001の導入・運用に関する事務局に従事。
現在は、TWS総合研究所のコンサルタントとして、プライバシーマークやISMSをはじめとする各種マネジメントシステムのコンサルティング、研修講師、執筆活動に従事している。

【執筆協力】

執筆協力　図解入門ビジネス 最新 個人情報保護法の基本と実務対策がよ～くわかる本(秀和システム)
執筆協力　図解入門ビジネス 事業継続マネジメントシステムISO 22301 2019のすべてがよ～くわかる本(秀和システム)
執筆協力　プライバシーマーク文例集(秀和システム)
執筆協力　図解入門ビジネス サービスマネジメントシステム ISO/IEC20000-1 2018のすべてがよ～くわかる本(秀和システム)
執筆協力　図解入門ビジネス 最速 プライバシーマーク取得がよ～くわかる本【第4版】(秀和システム)
執筆(連載)　コンタクトセンター・マネジメント(CCM研究所) プライバシーマーク新JIS対応のポイント(2018年4月号～2018年6月号)

図解入門ビジネス
最新 プライバシー情報マネジメント
ISO27701認証のすべてが
よ～くわかる本

| 発行日 | 2021年　9月25日 | 第1版第1刷 |

著者　　打川　和男

発行者　斉藤　和邦
発行所　株式会社　秀和システム
　　　　〒135-0016
　　　　東京都江東区東陽2-4-2　新宮ビル2F
　　　　Tel 03-6264-3105（販売）　　Fax 03-6264-3094
印刷所　三松堂印刷株式会社　　　　Printed in Japan

ISBN978-4-7980-6517-5 C0034